MES DÉCOU

VIVRE ET SURVIVRE

dans la nature

CHANTECLER

Cette édition par Chantecler, Belgique-France
Auteur : S. Tyberg
Dessins : P. De Becker
Photos : © IMA pictures / Genk, sauf p. 28
© SIGG Suisse, Walzmühlestrasse 62, CH-8501 Frauenfeld, www.sigg.com
Traduction française : M. Lesceux
Imprimé en Belgique.

D-MMV-0001-516

Table des matières

En route

Lire une carte	8
Les vêtements	12
L'équipement	14
Le vélo	16
Les 10 commandements	18
Manger en route	20
Cuisiner sur un feu de bois	22
Des aliments naturels	24
Guide de cuisine naturelle	26
Soif ?	28

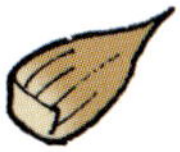

Reconnaissance de la nature

Observer les animaux	32
À la chasse aux traces	34
Attraper, observer, relâcher	36
À la plage	38
Les arbres et les autres plantes	42
En reconnaissance la nuit	44
Mieux observer	46
Les photos	48

Camper et jouer

La tente 52
Dans et autour de la tente 54
Le feu de camp 56
Faire des nœuds 58
Les alarmes 60
Un drapeau 61
Jeux d'eau 62
Jeux de plage 64
Jeux dans les bois 66
Jeux dans l'herbe 68
Jeux autour du feu 70
Jeux dans la tente 72

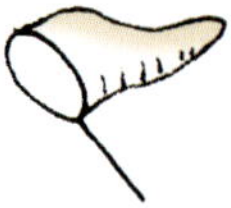

Bon à savoir

La météo 76
La nature donne la météo 78
Trop chaud 80
Trop froid 82
Les signaux 84
Traverser une rivière 86
Tu as perdu le nord 88
Tonnerre et éclairs 92
Premiers secours 94
Ça pique et ça mord 96
Au secours ! 98
Savoir réparer 100

Vite fait

Le sac à dos minute	104
La tente minute	105
La ceinture de l'explorateur	106
Le poncho du randonneur	107
Le drap de lit-sac de couchage	108
Le sac-siège	109
Le radeau	110
Le bateau	111
Balançoires	112
Mesurer le temps	114
D'autres choses pratiques	116

De retour à la maison

Le journal de bord	120
Souvenirs	122
Prêt pour l'année prochaine ?	124
Index	126

En route

Lire une carte (1)

Avec une bonne carte, tu as peu de risques de te perdre, à condition bien entendu de savoir la lire correctement.

Types de cartes

La carte pour touristes : Elle indique surtout les curiosités à visiter : les châteaux, les musées ainsi que le chemin pour y arriver.

La carte routière : Les routes principales, les grandes villes et les villages importants sont répertoriés. La carte routière sert surtout lors de trajets en voiture.

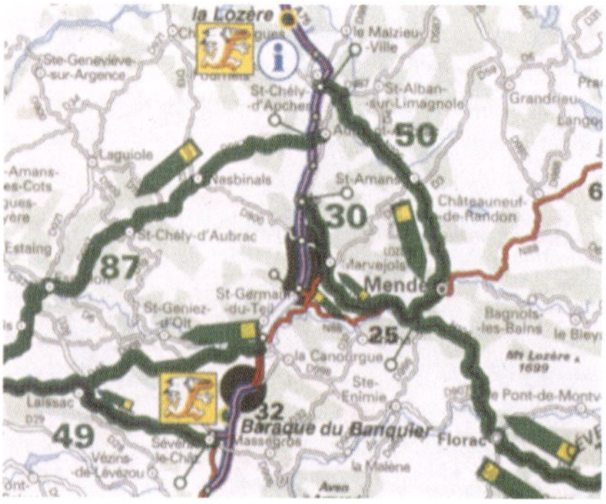

La carte topographique : Tout est répertorié dans les moindres détails. C'est par excellence la carte des randonneurs et des marcheurs.

Symboles

Chaque carte possède une liste explicative des symboles employés. Ces symboles peuvent varier d'après les cartes, regarde-les attentivement avant de partir.

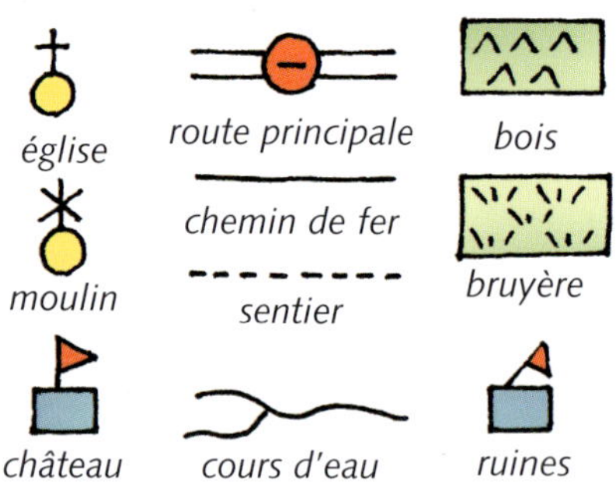

Prendre soin d'une carte

Si tu emploies souvent une carte, elle s'usera vite. Tu peux éviter qu'elle s'abîme en la protégeant ou en la renforçant.

La carte sur tissu

1. Prends un morceau de tissu de lin ou de coton, de quelques centimètres plus grand que la carte.
2. Découpe la carte en rectangles en suivant soigneusement les lignes des pliures.
3. Colle les morceaux de carte sur le tissu en laissant 3 mm entre les morceaux.

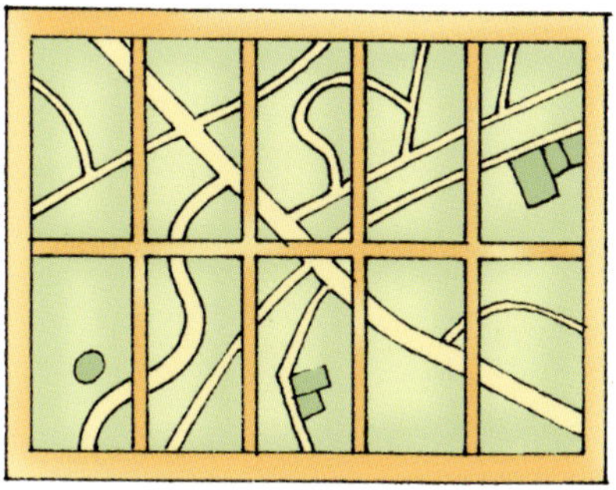

4. Laisse sécher la colle pendant 24 heures. Replie la carte et place-la pendant quelques jours sous un gros livre.

Une carte plastifiée

Les petites cartes sont faciles à plastifier avec du papier ayant une face adhésive. Découpe la feuille de papier adhésif de manière qu'elle déborde de la carte et colle-la délicatement sur la carte.

Une housse pour carte

Fabrique une housse à l'aide de 2 feuilles de plastique. Referme 3 côtés avec du ruban adhésif et glisse la carte dans la housse. Si tu attaches une ficelle à 2 extrémités de cette housse, tu pourras pendre la carte à ton cou.

Lire une carte (2)

Voici comment lire une carte.

Comment trouver le nord

Sur chaque carte se trouve une rose des vents ou une flèche qui indique le nord. Place ta boussole à côté pour savoir comment tenir ta carte.

Renseignements supplémentaires au sujet de la boussole à la page 88.

Le quadrillage de la carte

Presque toutes les cartes sont divisées par des lignes dans la longueur et dans la largeur : elles forment un quadrillage et sont numérotées de la même façon sur toutes les cartes.

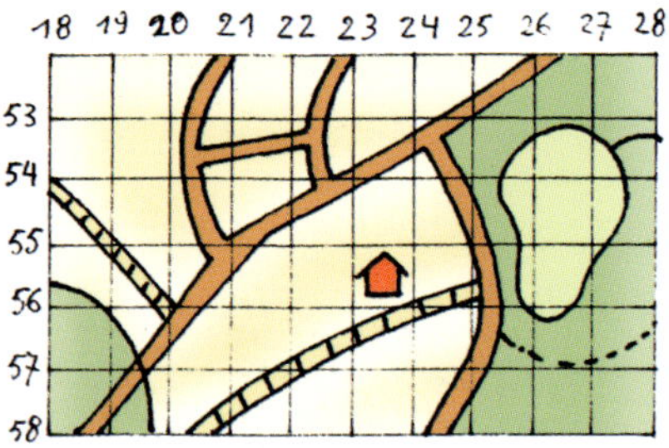

Les lignes verticales forment la longitude et les lignes horizontales la latitude. Pour déterminer l'emplacement de cette maison, tu prends la première ligne verticale à gauche de la maison (longitude) et la première ligne horizontale (latitude) en dessous.

L'échelle

Sur la carte, tout est indiqué en tout petit. Les routes, les rivières, etc. sont dessinées « à l'échelle ». Plus l'échelle employée est petite, moins les détails sont visibles.
Sur les cartes dessinées à une très grande échelle, même les maisons sont dessinées.
Sur chaque carte, on trouve l'indication de l'échelle à laquelle elle est dessinée.
Il existe des cartes topographiques dessinées à l'échelle 1 : 10 000.
1 cm de la carte représente 10 000 cm (100 m) dans la réalité.

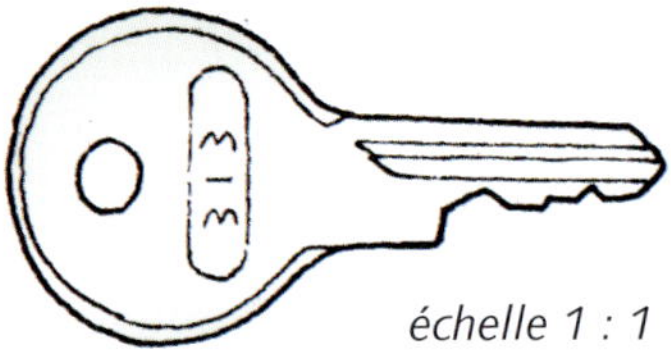

échelle 1 : 1
= grandeur réelle

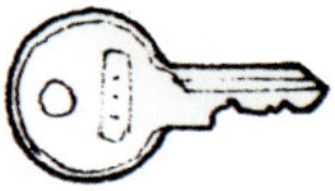

échelle 1 : 2

échelle 1 : 10

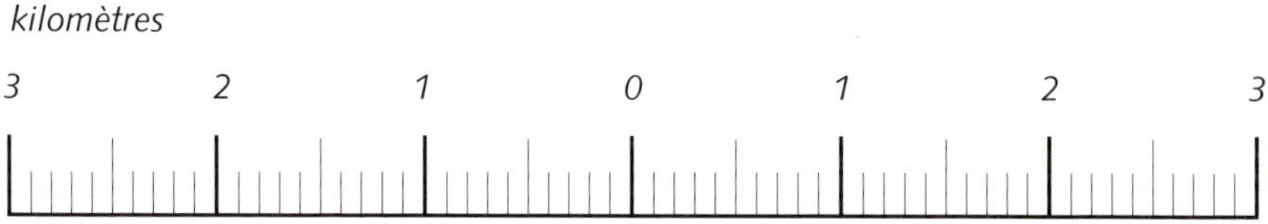

Échelle 1 : 50 000

Mesurer les distances

Quand tu connais l'échelle de la carte, tu peux mesurer plus ou moins précisément la distance entre 2 points.

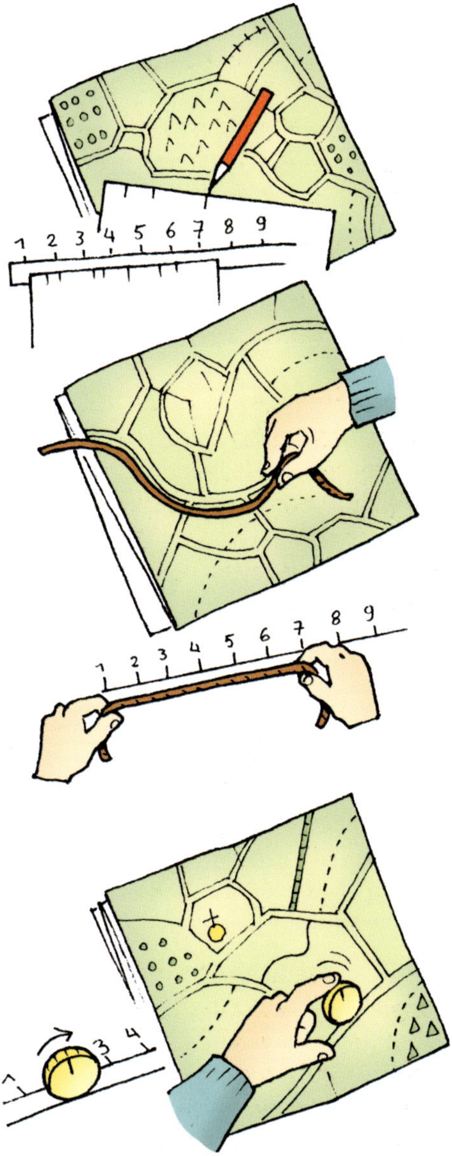

1. Avec du papier

Place le bord d'un morceau de papier le long du chemin que tu vas parcourir. Dessine un trait quand tu arrives à une courbe et tourne le papier pour suivre le chemin. Lorsque tu as le trajet en entier, place le papier à côté de l'échelle de la carte. Tu pourras ainsi calculer la distance.

2. Avec une ficelle

Place la ficelle sur le chemin à parcourir en suivant les courbes. Prends ensuite la ficelle et tends-la à côté de l'échelle de la carte.

3. Avec une pièce de monnaie

Trace un trait au marqueur sur le bord de la pièce. Fais rouler la pièce sur le chemin que tu vas emprunter et compte le nombre de fois que la pièce réalise un tour complet. Fais rouler ensuite la pièce le long de l'échelle.

Les vêtements

Tes habits doivent être adaptés à l'activité que tu vas entreprendre et aussi au climat.

Avant de partir, lis les chapitres « Trop chaud » et « Trop froid » aux pages 80 à 83.

Le couvre-chef
Il doit tenir chaud quand il fait froid et te protéger du soleil trop brûlant.

L'écharpe
À ne pas oublier en hiver.

T-shirt, polo ou chemisier
De préférence 100 % coton. Ainsi tu transpireras moins.

Le pull
Nécessaire même s'il fait chaud. Car, le soir, la température peut fraîchir brusquement.

Les chaussures
N'enfile pas une paire de chaussures neuves. Il faut toujours les avoir déjà portées. Des chaussures de marche avec une semelle épaisse sont idéales pour les randonnées. Si tu traverses une zone très humide, il vaut mieux enfiler des bottes.
Mais attention : les bottes ne sont pas conçues pour de longues randonnées.

Tu as perdu quelque chose ?

Si tu pars camper avec un groupe, il est nécessaire de marquer tes affaires avec de l'encre indélébile.

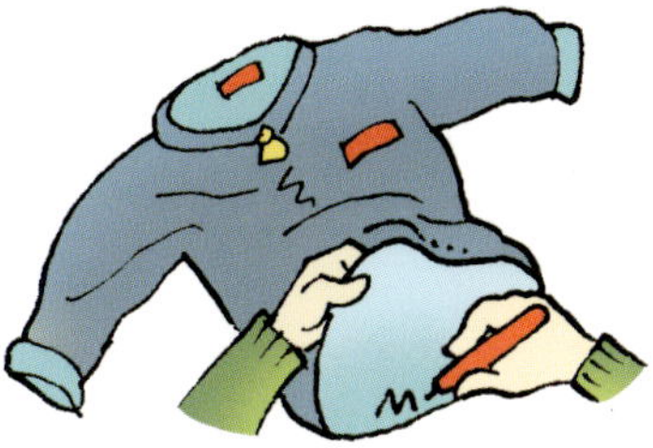

L'imperméable

Les plus pratiques sont ceux que l'on peut replier dans une petite sacoche livrée à cet effet et que l'on attache à sa ceinture.
En hiver, il faut choisir un anorak imperméable avec un capuchon.

Les mouchoirs

Tu ne les as pas oubliés ?

Le pantalon

Convient tout aussi bien aux garçons qu'aux filles. Un pantalon s'il fait froid, un short ou un bermuda s'il fait chaud, sauf si tu veux passer à travers les taillis. Dans ce cas, il vaut mieux choisir un pantalon.

Les chaussettes

Des chaussettes en laine ou en stretch offrent une meilleure protection. Prévois-en une paire de rechange.

Se promener dans le noir

Si tu fais une marche dans le noir, tu dois prendre certaines précautions au préalable. Lorsque tu as quitté les zones habitées, place-toi sur le côté gauche de la chaussée pour que les automobilistes te voient arriver. Porte des vêtements de couleur claire avec des bandes réfléchissantes.

Que mettre dans ton sac ?

Les choses dont tu auras le plus besoin en route : ta boussole, tes mouchoirs, du papier, de quoi écrire, tes papiers d'identité (ou une carte avec ton nom et ton adresse), de l'argent…

L'équipement

Tu dois être prêt à faire face à toutes les éventualités.

Voici ce dont tu peux avoir besoin :

- une carte d'identité ;
- de l'argent ;
- une boussole ;
- un couteau (canif) ;
- une lampe de poche ;
- des piles de rechange ;
- des épingles de sûreté ;
- du fil et une aiguille ;
- un bout de ficelle ;
- une trousse de secours ;
- une pommade contre les piqûres d'insectes ;
- du papier hygiénique ;
- des en-cas énergétiques ;
- de quoi écrire et un carnet ;
- une gourde ;
- un pique-nique ;
- un sac plastique ;
- un appareil photo ;
- de l'huile solaire ;
- des lunettes de soleil ;
- des vêtements de rechange.

Et pour les connaisseurs de la nature :

- des jumelles ;
- une loupe ;
- un guide sur les animaux et les plantes ;
- des sacs en plastique ;
- des petits pots ou des boîtes.

À la page 104, tu verras comment préparer un sac à dos minute.

Comment emporter tout cela ?
Cela dépend du sac.

Un sac à main
Il n'est pas pratique à porter…

Un petit sac à nouer autour de la taille
Il offre l'avantage de laisser les mains libres.

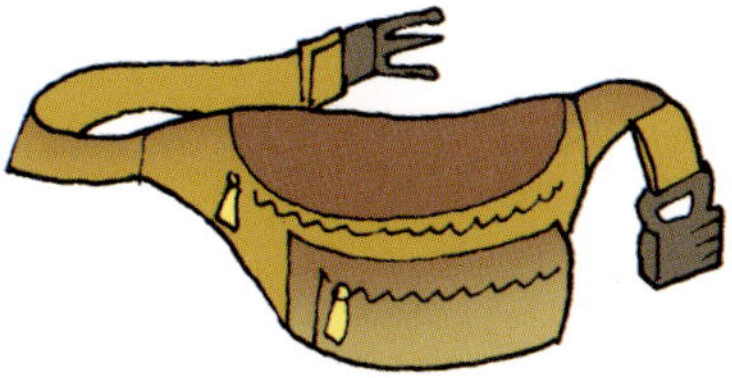

Un petit sac à dos
C'est l'idéal. On peut déjà mettre pas mal de choses dedans.

Le sac à dos à armatures
C'est l'équipement des véritables randonneurs.
La sangle permet de répartir le poids sur le dos.
Il faut cependant qu'elle soit à ta taille. L'idéal, ce sont des sangles amovibles. Elles pourront grandir avec toi.

La manière de remplir le sac est très importante. Les objets lourds doivent être mis au fond, les affaires légères au-dessus. Dans les poches latérales, tu mettras les choses dont tu as le plus besoin en cours de route, comme une gourde, une carte et une boussole...

Le vélo

*Tout comme une promenade à pied,
une randonnée à vélo doit être préparée...*

Ne te surestime pas

Rouler à vélo peut être très fatigant, surtout si tu n'as pas l'habitude de faire de longs trajets. Exerce-toi au préalable en parcourant de petites distances.

Ton vélo est-il en bon état ?

Un vélo doit être nettoyé et vérifié toutes les semaines. Les pièces cassées doivent être remplacées.
Avant de partir, vérifie ces points :

- Les phares avant et arrière fonctionnent-ils ?
- Les freins sont-ils en bon état ?
- La sonnette marche-t-elle encore ?
- Les pneus sont-ils suffisamment gonflés ?
- As-tu une pompe à vélo et une trousse de réparation ?
- La hauteur de la selle te convient-elle ?

Rouler en sécurité

- La hauteur de la selle est correcte si tu peux toucher le sol avec les pieds.
- Des réflecteurs et des bandes réfléchissantes te rendent plus visible la nuit.
- Choisis un trajet qui ne te mène pas sur une route à grande circulation.
- N'oublie pas qu'avec un vélo lourdement chargé, il faudra plus de temps pour freiner.

Un pneu crevé ? Va voir à la page 101.

Bagages

Un sac à dos n'est pas l'idéal sur un vélo. Le poids du sac influence ton équilibre et ta stabilité. Essaie de bien répartir les bagages sur l'ensemble du vélo.

Ce qu'il ne faut pas faire :

Utilise…

… un **panier accroché au guidon** pour déposer les choses que tu vas employer souvent pendant le trajet ;

… des **sacoches de selle** avec notamment le kit de réparation ;

… des grandes **sacoches** placées de chaque côté à l'arrière ;

… des plus petites **sacoches** entourant la roue avant.

De cette manière, tu peux te tenir convenablement à vélo, tu te fatigueras beaucoup moins vite et tu n'auras pas mal au dos.

Mais ce qu'il faut faire :

Les 10 commandements

Si tu pars en randonnée à pied, à vélo ou avec un autre moyen, tu dois absolument respecter quelques règles.

1. Ne laisse pas de déchets. Mets-les dans un sac que tu jettes ensuite à la poubelle.

2. N'allume un feu que lorsque tu as reçu l'autorisation du propriétaire du terrain et qu'il y a un adulte à tes côtés.

3. Ne fais pas de bruit inutilement, pour ne pas troubler la tranquillité des gens et des animaux.

4. Ne quitte pas les chemins, à moins d'être dans une aire de repos et d'en avoir reçu la permission.

5. Ne va pas nager sans surveillance.

6. Dans certaines régions, les prairies sont utilisées pour faire paître les animaux. N'oublie pas de refermer les barrières.

7. Si ton chien t'accompagne, tiens-le en laisse.

8. Ne détruis pas la végétation (branches arrachées, inscription sur les troncs d'arbres).

9. N'abîme pas la propriété des autres. Fais de préférence un petit détour au lieu d'endommager une clôture.

10. Ne va pas dans les champs, les prairies et les vergers pour trouver de quoi préparer ton repas de midi…

Un truc d'Indien

Les Indiens faisaient souvent de longues marches à pied. Ils connaissaient un bon truc pour surmonter un coup de fatigue soudain pendant la marche. Inspire profondément pour remplir ta cage thoracique d'air. Retiens ta respiration pendant 10 pas. Au dixième pas, tu expires très fortement l'air et tu inspires à nouveau profondément. Continue pendant environ 5 minutes et tu auras récupéré assez de force pour parcourir encore quelques kilomètres.

Manger en route

Même pour une petite randonnée, prends un en-cas avec toi.
Car marcher ou rouler à vélo donne faim !

Que faut-il emporter ?

Le plus pratique est de préparer le pique-nique à la maison.
C'est-à-dire que tu prépares des tartines ou des petits pains chez toi.
Comme garniture, tu peux choisir entre plusieurs bonnes choses : du salami, du fromage…
Comme dessert, choisis un fruit frais, que tu peux manger tel quel.

Attention : Ne prends pas de la viande quand il fait trop chaud. Elle se gâte trop vite.

Pour garder frais plus longtemps

Si tu ajoutes à ta garniture de tartine une feuille de salade, tes tartines resteront fraîches.

Du pain farci

Gai à préparer et délicieux à manger : une baguette fourrée d'un tas de bonnes choses.

1. Découpe un morceau de baguette de 20 à 30 cm et divise-le en 2 moitiés.

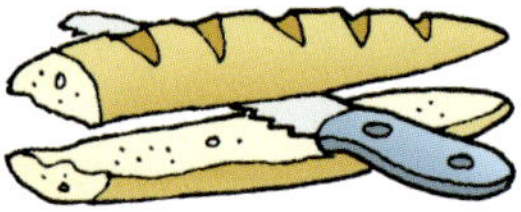

2. Tartine les 2 moitiés de beurre et recouvre une moitié de feuilles de salade.

3. Garnis le pain avec tout ce que tu aimes. Par exemple du fromage, du jambon (ou des sardines), des rondelles d'œuf dur…

4. Referme la baguette, emballe-la dans une feuille de papier aluminium et… voilà, ton repas pour la route est prêt.

De l'énergie à revendre

Que tu partes à pied ou à vélo, tu auras toujours besoin d'énergie. L'idéal, c'est du dextrose (sucre de raisin), que tu peux trouver sous forme de comprimés, mais aussi dans les noix pelées, le raisin, les biscuits complets et le chocolat.

Un repas chaud

Si tu emportes un nécessaire de cuisine, tu pourras te préparer un repas chaud. Le plus pratique à préparer, ce sont les aliments en boîte ou dans des barquettes en aluminium.

1. Fais chauffer un peu d'eau dans un petit poêlon.
2. Dépose la boîte, non ouverte, dans l'eau bouillante et attends 15 à 20 minutes.

3. Retire la boîte ou la barquette de l'eau et ouvre-la.

Attention : Perce d'abord un trou pour que la vapeur s'échappe.

Danger de brûlure !

Sois prudent avec ton nécessaire de cuisine.

- Ne le pose pas près d'objets inflammables comme du bois, de l'herbe séchée…
- Pose-le sur un support stable pour qu'il ne se renverse pas.

Couverts

Si tu es adroit, tu peux façonner une cuillère dans un morceau de bois.
Pour la fourchette, emploie une branche d'aubépine dont tu auras retiré l'écorce.

Et comme boisson ? Regarde à la page 28.

Cuisiner sur un feu de bois

Y a-t-il des adultes près de toi ? Sont-ils attentifs ?
Alors tu peux te mettre à cuisiner.

Des morceaux de bois en guise de gril

Les branches vertes peuvent servir de brochettes. Enlève l'écorce.

Une branche taillée en pointe sert de fourchette.

Une branche est divisée par une petite cale.

Deux branches sont liées ensemble.

Pour faire un feu en toute sécurité, va voir à la page 56.

Les trois règles d'or

1. Le feu se fait à un endroit où il n'y a pas de danger.
2. Il doit y avoir un adulte dans les environs.
3. Pour cuire et griller, il faut attendre que les flammes se soient transformées en braises rougeoyantes ou en cendres. Sinon, ton repas risque de brûler.

Le repas du trappeur

1. Découpe une orange en deux, retire la chair et mange-la.

2. Casse un œuf dans l'écorce vide et dépose ce petit « pot » sur les braises de ton feu. Après 5 minutes, ton œuf est cuit.

Un œuf sur le plat

Fabrique une poêle à l'aide de branches et d'aluminium.

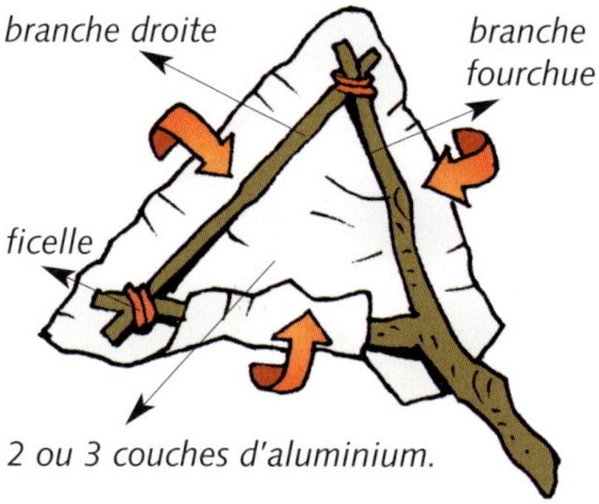

Enduis ta « poêle » avec du beurre ou de l'huile et cuis ton œuf.

Cuire sur des pierres

Dépose une pierre plate et sèche dans le feu, attends qu'elle chauffe et cuis dessus ton poisson ou ta viande.

Pommes de terre en chemise

Lave les pommes de terre, perce quelques petits trous dedans et enveloppe-les dans une feuille d'aluminium. Enterre-les dans la cendre chaude ou dans le charbon de bois.

Cuisson à l'étouffée

Si tu as fait un grand feu de camp, tu peux y mettre à cuire le repas du lendemain. Dépose les ingrédients coupés en petits morceaux dans une grande casserole, ferme-la avec le couvercle et enterre-la dans la cendre chaude. Le lendemain, il suffit d'achever la cuisson.

Éteins le feu

Avec de l'eau et/ou du sable. Il faut être sûr que le feu ne couve plus.

Des aliments naturels

Tu as oublié ton repas ? Tu as encore faim et tu as déjà tout mangé ?
Essaie de découvrir tout ce qui peut se manger dans la nature !

Voici ce que tu peux trouver

Des herbes aromatiques : En général, on mange les feuilles, crues ou cuites. C'est au printemps que ces feuilles contiennent souvent beaucoup de vitamines et de sels minéraux. Au printemps, tu peux aussi manger les jeunes feuilles des bouleaux, des tilleuls ou les faire en salade.

Les baies : Aussi bien celles des herbes aromatiques que celles des arbustes et des arbres. Mais attention : un grand nombre de baies sont vénéneuses. Vois à la page 27. Si tu vois un oiseau manger certaines baies, cela ne signifie pas nécessairement qu'elles sont comestibles pour toi.

Les noix : Les noix, les noisettes, les châtaignes et les faines contiennent énormément de protéines et de graisse. Elles sont très nourrissantes et sont une excellente source d'énergie. C'est bon à savoir !

Les champignons : Il y a des champignons excellents, mais… le risque d'empoisonnement par les champignons est énorme. Laisse-les plutôt où ils sont.

À lire absolument !

Tu peux manger toutes les plantes, mais tu n'en mangeras certaines qu'une seule fois !
Il y a beaucoup de plantes qui sont vénéneuses. Il faut absolument respecter les règles suivantes.

- Ne mange jamais des plantes, des baies, des noix ou des champignons que tu ne connais pas.

- Équipe-toi d'un bon guide sur les plantes pour apprendre à les connaître. Ces guides mentionnent généralement quelles sont les plantes ou les parties de plantes qui sont vénéneuses.

- Sois extrêmement prudent avec les champignons. Certaines sortes comestibles et inoffensives ressemblent fortement à des espèces vénéneuses et seuls les experts savent faire la différence.

- Ne cueille jamais de plantes à des endroits qui ont été pulvérisés avec des produits chimiques (le long des champs et des prairies) ou à des endroits où le trafic est intense.

Trois grands classiques de la cuisine naturelle

Soupe aux orties :
Cueille environ 20 jeunes pousses d'ortie. Coupe 1 poireau et 1 grosse pomme de terre pelée en morceaux. Laisse cuire les « légumes » pendant 20 minutes, dans 1 litre d'eau bouillante.

Salade printanière :
Détache les feuilles de pissenlit, de pâquerette, de bouton-d'or et d'oseille, lave-les abondamment, coupe-les en morceaux et mélange-les à du yaourt ou à de la mayonnaise.

Mouron blanc lavé :
Lave bien le mouron, égoutte-le et fais-le revenir dans un peu de beurre, comme des épinards.

Dans les pages suivantes, tu trouveras un mini-guide de cuisine naturelle.

Guide de cuisine naturelle

Toutes ces plantes peuvent être mangées crues ou cuites (par exemple en soupe).

pâquerette
Entièrement comestible

ortie
Cueille les pousses avant l'apparition des fleurs.

oseille
Les feuilles ont un goût sur.

pissenlit
Cueille uniquement les feuilles.

mouron
Toute la plante est comestible.

bourse-à-pasteur
Les feuilles sont à cuire dans une soupe.

plantain
Ce sont les feuilles les plus jeunes qui sont les plus saines.

lamier
Les feuilles et les fleurs sont comestibles.

mille-feuille
Les jeunes feuilles sont comestibles.

Cueille uniquement les baies qui sont illustrées ici.

mûre
(noire, été)

fraise des bois
(rouge, été)

framboise
(rouge, été)

myrtille
(bleu foncé, été)

argousier
(orange, automne et hiver), se trouve dans les dunes.

sureau
Toujours le cuire au préalable (par exemple pour faire du sirop, ou en tisane).

églantier
(rouge, de l'été jusqu'en hiver), la baie du rosier sauvage contient beaucoup de vitamine C.

Fruits d'automne comestibles

1. châtaigne
2. noix
3. noisette
4. faine

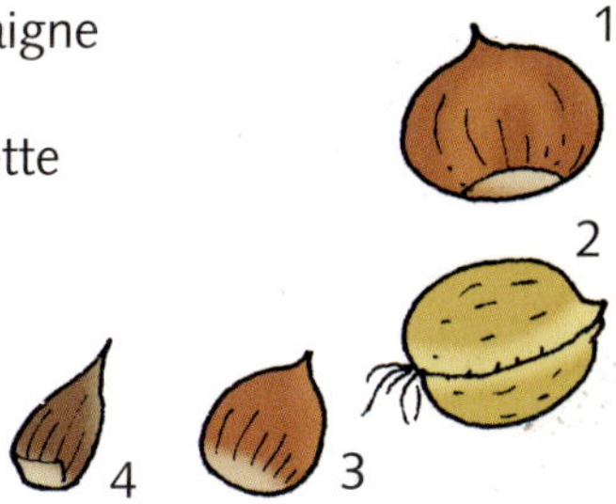

Soif ?

L'être humain peut survivre plus longtemps sans manger que sans boire.

La gourde

Pour la route, une petite gourde légère suffit. Remplis-la de jus de fruit ou d'eau (voir ci-contre « Comment donner un meilleur goût à l'eau ? »). Évite les boissons sucrées, car elles n'étanchent pas réellement la soif. La gourde est pratique car tu peux toujours la remplir. Le berlingot peut se jeter quand il est vide.

Truc

Par temps chaud, ajoute des glaçons, plus que nécessaire, dans ta gourde.

Eau potable

Toute eau n'est pas nécessairement potable.
Même celle qui coule d'un robinet peut ne pas être très pure. Ce n'est que lorsque tu vois la pancarte « eau potable » que tu peux en être certain.

La plupart des gens te rempliront volontiers ta gourde ou te donneront un seau d'eau venant du robinet, si tu le leur demandes.

Comment donner un meilleur goût à l'eau ?

Avec quelques gouttes de jus de citron. Le plus pratique est une petite bouteille de jus de citron.

Les baies aussi améliorent le goût de l'eau. Écrase-les à la fourchette et laisse-les tremper pendant au moins 1 heure dans l'eau. Filtre ensuite l'eau.

Un gobelet en papier

Pour réaliser ce gobelet, il te suffit d'avoir une feuille de papier carrée. Plus ton papier est solide, plus longtemps tu pourras boire avec ton gobelet.

1. Plie la feuille pour obtenir un triangle.
2. Ramène le coin inférieur vers le côté opposé.
3. Fais la même chose de l'autre côté.
4. Plie la pointe supérieure vers le bas. Une pointe vers l'avant…
5. … et l'autre pointe vers l'arrière.
6. Enfonce légèrement les bords pour donner la forme d'un gobelet. Remplis ton gobelet avec une boisson et…
7. … bois !

Chouette et pratique

Un gobelet repliable en plastique. Bon marché et facile à transporter.

Reconnaissance de la nature

Observer les animaux

Les animaux sauvages sont souvent très farouches. Dès qu'ils se sentent observés, ils s'enfuient pour aller se cacher. Il faut donc essayer de se rendre invisible.

Une cabane d'observation

Ce qu'il te faut :
- 1 arbre ;
- 1 corde ;
- des branches tombées (pas cassées !) ;
- des fougères, des feuilles.

Où observer les animaux ?
Construis ta cabane d'observation ou ton mirador à un endroit où tu as trouvé beaucoup de traces d'animaux. Par exemple à un endroit où les animaux viennent boire. Ou près d'un sentier emprunté par les animaux. Ou à la lisière d'un bois ou en bordure d'un endroit découvert.

1. Tends une corde entre un arbre et un bâton que tu as planté en oblique dans le sol.

2. Place sur les 2 côtés, en oblique, des branches et recouvre-les avec des fougères, des feuilles et des herbes.

Un écran d'observation

Ce qu'il te faut :
- 1 drap vert ou marron d'environ 3 x 1 m ;
- de la corde ;
- des ciseaux ;
- du matériel de camouflage (des branches, des feuilles).

1. Perce des trous dans les 4 coins du drap et passe la corde dans chaque trou.

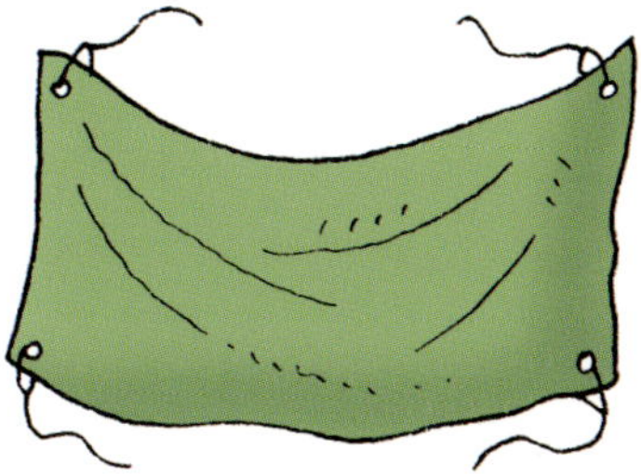

2. Découpe un certain nombre de trous d'observation dans le drap. Fais attention à la hauteur à laquelle tu fais les trous.

3. Attache les extrémités du drap à la végétation existante ou à une branche morte solidement enfoncée dans le sol.

4. Emploie du matériel naturel pour camoufler ton écran. Après quelques jours, les animaux se seront habitués à l'écran et n'y feront plus attention. Dès ce moment, tu pourras mieux les observer. Du moins si tu te tiens tranquille…

À la chasse aux traces

Même si tu ne réussis pas à voir les animaux, tu auras peut-être l'occasion d'observer leurs traces.

Les empreintes de pas

Les vrais connaisseurs savent lire les empreintes laissées par les animaux. C'est bien si tu réussis à reconnaître les plus importantes.

L'intérêt de reconnaître les empreintes

Autrefois, les gens croyaient que les renards mangeaient les poules. En suivant des kilomètres de traces de renard, les biologistes ont constaté qu'ils se nourrissaient en fait de petits rongeurs.

1 = patte avant *2 = patte arrière*

sanglier

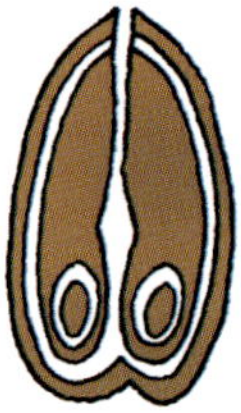

chevreuil

hérisson

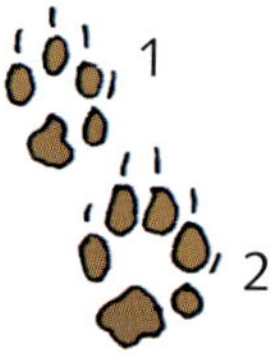

belette

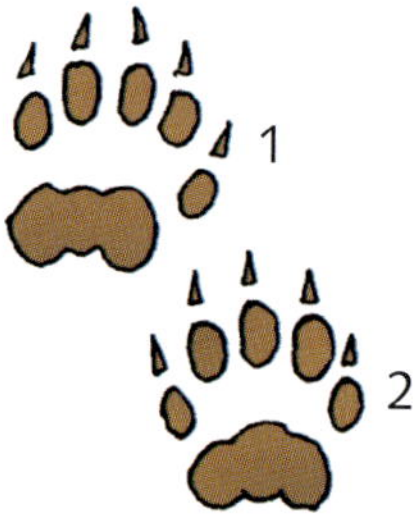

blaireau

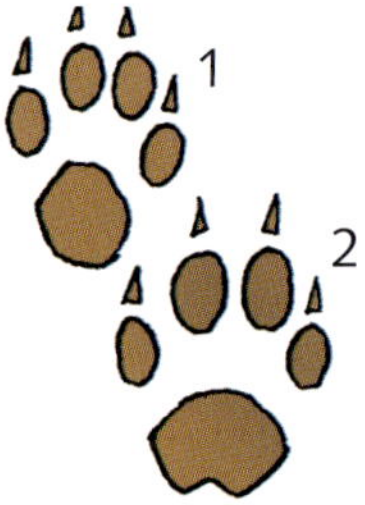

renard

écureuil

poule

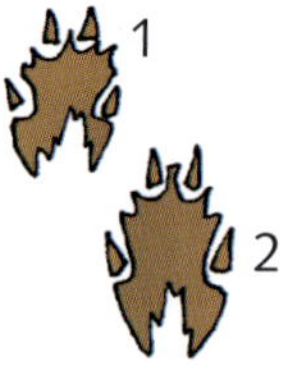

lapin

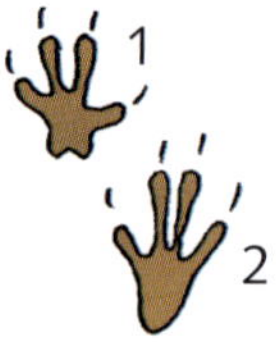

rat des champs

Moulages de traces en plâtre

Tu peux en faire avec un mélange de 2 parts de plâtre et de 1 part d'eau.

1. Entoure la trace avec un morceau de carton ou de plastique. Attache les extrémités avec un trombone. Verse du plâtre dedans et laisse durcir pendant 10 à 20 minutes.
2. Tu as ainsi obtenu le négatif de l'empreinte. Réalise le positif à la maison.

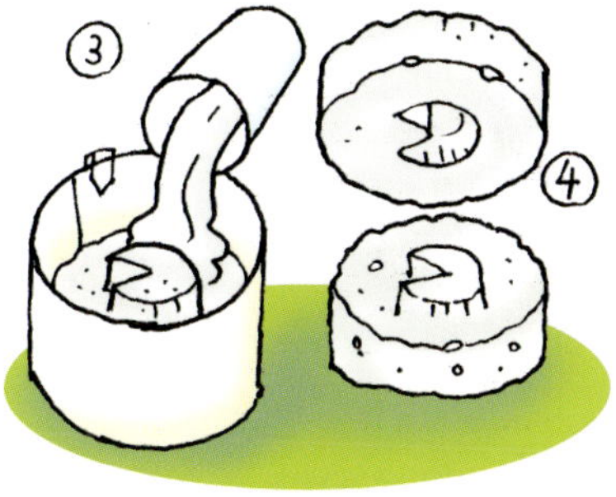

3. Enduis le moulage de vaseline (sinon tu ne pourras pas le détacher). Place une bande haute autour de l'empreinte, verse du plâtre dedans et attends.
4. Tu as obtenu une réplique fidèle de l'empreinte que tu avais relevée.

Autres traces

Les animaux laissent d'autres traces derrière eux. Tout bon chasseur est capable d'analyser les déjections d'un animal.

lapin *souris* *chevreuil*

Sur les troncs des arbres, les cônes et les noix, on observe parfois des marques de rongeurs.

campagnol *écureuil* *mulot*

Un grand nombre d'animaux creusent des **terriers** ou des **galeries** souterraines. D'autres construisent des nids. On peut en déduire des informations.

taupe *grive* *écureuil*

Attraper, observer, relâcher

À chaque promenade, tu rencontres des animaux : des insectes et d'autres invertébrés. Cela vaut la peine de les observer à la loupe.

Technique pour attraper les animaux

Si tu veux étudier les petits animaux de près, il te faut d'abord les attraper. Plusieurs techniques sont possibles.

La chasse au parapluie

Secoue les branches d'un arbre et recueille les animaux qui en tombent.

Attirer les animaux avec du miel

Étale un peu de miel ou de sirop sur une branche d'arbre, tu attireras les papillons de nuit.

Une guirlande de rondelles de pomme

Saupoudre des rondelles de pomme d'un peu de sucre, enfile-les sur une ficelle et tends la guirlande entre deux branches.

Une trappe

Enterre un pot de confiture vide dans le sol, tout en le protégeant de la pluie par un petit toit. Dépose dans le pot des morceaux de fruits ou de viande.

Piège en paille

Pour attraper les animaux qui courent sur le sol, dépose un petit tas de paille humide à l'ombre.

Le droit de vivre

Tous les animaux, si petits soient-ils, ont le droit de vivre. Il y a des personnes qui trouvent que certains insectes sont nuisibles et ils parlent de vermine. Mais ces animaux ont aussi leur rôle à jouer dans la nature. Même s'ils se limitent à servir de nourriture à d'autres animaux. Le message est clair : rends la liberté aux animaux dès que tu as fini de les étudier.

Le pot épuisette

Fixe avec du fil de fer un petit pot de confiture vide à un long bâton. Tu pourras ainsi étudier immédiatement les animaux qui vivent dans l'eau sans devoir les transvaser.

Pour celui qui l'ignorait

Sois prudent quand tu manipules un être vivant et ne ramène que celui dont tu pourras t'occuper.

Ramener à la maison

Tu as parfois envie de ramener certains animaux à la maison pour pouvoir les étudier plus longtemps. Utilise des petits pots ou des boîtes pour les transporter. N'oublie pas de percer des trous dans le couvercle.

À la maison, tu peux déposer tes animaux dans un aquarium (rempli d'eau) ou un terrarium (avec le fond recouvert de sable). Tends un morceau de gaze sur le dessus.

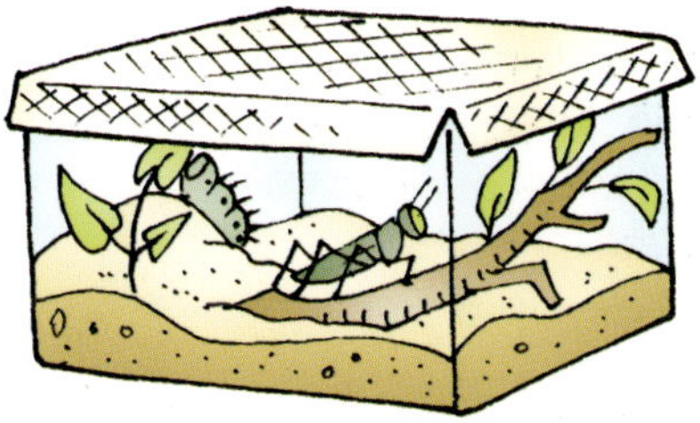

Attention : Ne saisis jamais une chenille avec les mains nues. Utilise un pinceau pour la faire passer de la branche sur laquelle elle se trouve dans ton petit pot. Sinon tu auras des taches rouges !

À la plage (1)

Il y a beaucoup de choses intéressantes à trouver sur la plage.

La courbe cotidale

Le phénomène de marée haute se produit 2 fois par jour. Une partie de la plage est recouverte d'eau. À l'endroit où l'eau est à son point le plus haut, se trouve la courbe cotidale. C'est l'endroit le plus intéressant pour chercher des trésors.

Trésors de la plage

Sais-tu que l'on trouve le plus grand nombre de coquillages quand le vent souffle de l'intérieur ? L'eau est soufflée en surface vers la mer, refoule en passant par le fond, où vivent les petits coquillages. Et ce courant sous-marin rejette les coquillages vides sur la plage.

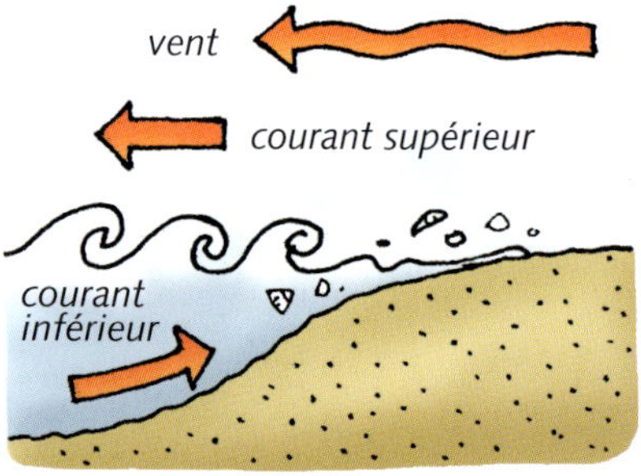

Va à la recherche de trésors marins juste après que la marée a atteint son plus haut point. C'est après une tempête que tu trouveras le plus de merveilles.

Mini-guide de la plage

Coquillage : Une des 2 valves qui forment un mollusque. Le petit trou dans le moine a été fait par une nasse.

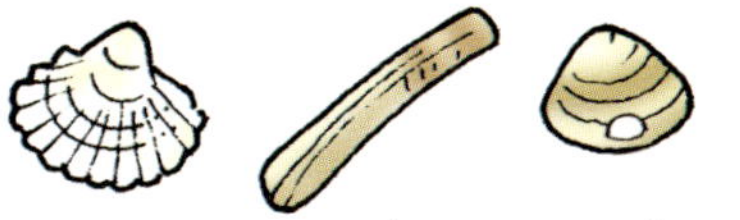

coque *couteau* *moine*

moule *olive* *mye*

Escargot de mer : Animal marin qui, comme l'escargot, vit dans une coquille.

buccin *bigorneau* *bernicle*

Os de seiche : Espèce de mousse blanche devenue rigide et qui ressemble à du calcaire.

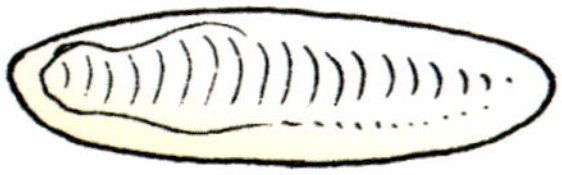

Balane : Petit coquillage qui vit dans une carapace calcaire.

Algue : Plante vivant dans la mer. Les algues n'ont pas de racines, elles flottent dans l'eau ou se fixent parfois sur les rochers.

Carapace de crabe : C'est l'espèce de peau que les crabes abandonnent quand ils muent.

Chapelet d'œufs : Petit sac qui protège la ponte de certains animaux marins.

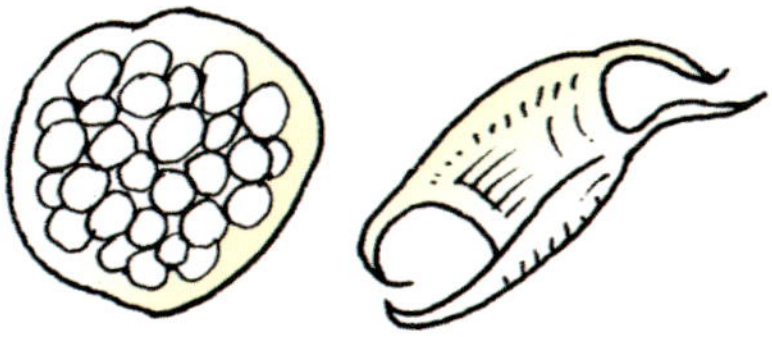

du buccin *de la raie*

Rejet de l'arénicole : Petit monticule de sable rejeté par l'arénicole.

À la plage (2)

Tu verras ici tout ce que tu peux faire avec les trésors ramassés sur la plage.

Collection de coquillages

Rince les coquillages avec une brosse à dents.
Laisse-les bien sécher et enduis-les ensuite avec un peu d'huile.

Crée ton propre musée en rangeant des boîtes (d'allumettes) dans les couvercles de boîtes à chaussures.
N'oublie pas de placer à côté de chaque coquillage une petite étiquette avec son nom.

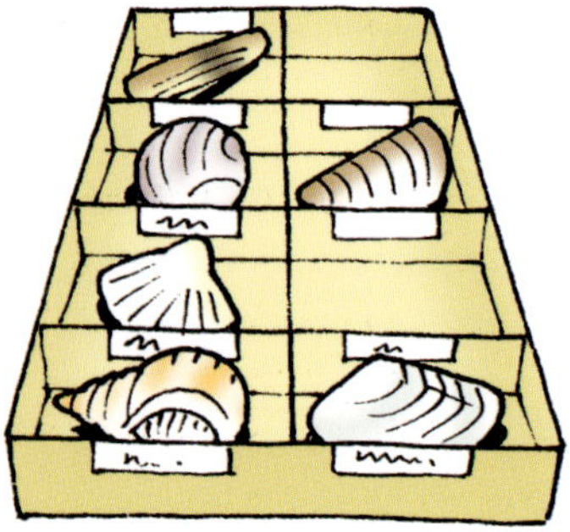

Os de seiche

Sais-tu que les canaris raffolent des seiches ?

Si tu n'as pas de canari, tu peux fabriquer un bateau à partir d'un os de seiche. Ou tu graves un message dedans.

Attention ! Méduses !

Ce n'est pas pour rien qu'on les appelle aussi des cnidaires (ou animaux urticants).
Leurs tentacules sont remplis de cellules urticantes. Ce poison peut être très douloureux pour les humains. Évite donc de marcher sur une méduse.
Si la méduse est encore en vie, ramène-la dans l'eau avec une pelle ou un petit seau et regarde comment elle nage.

Victimes du pétrole

Malheureusement, de nombreux oiseaux échouent sur nos plages, complètement englués dans du pétrole. Ne les ramène pas chez toi, car ils sont très difficiles à soigner. Téléphone à un refuge pour oiseaux ou avertis la commune.

Attraper des noctiluques

En été, tu aperçois parfois la nuit des bandes de lumière sur le sommet des vagues. Ce sont des noctiluques, des animaux unicellulaires.

Ramène un peu d'eau de mer chez toi. Va dans une chambre sombre. Vois-tu une lueur ? C'est que tu as pêché une noctiluque.

La chasse aux arénicoles

Les vers sont l'appât idéal de celui qui part à la pêche. On les trouve facilement grâce au petit tas de sable qui ferme l'entrée de leur caverne en forme de U. À côté du petit monticule, un petit trou constitue l'entrée de la caverne.

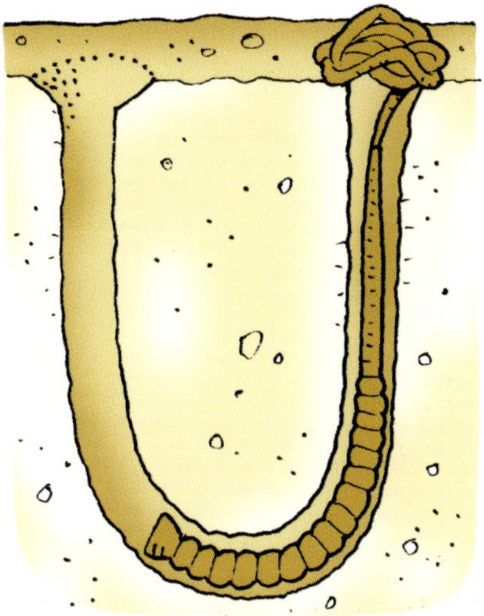

Attention : non comestible !

Autrefois, les gens venaient chercher des moules et des bigorneaux. Ils les faisaient ensuite cuire dans de l'eau salée et poivrée. Maintenant l'eau de mer est trop polluée.

Et puisque tu te trouves sur la plage…

Le Guiness Book des records fait état d'un château de sable de plus de 20 m de haut. Pourquoi ne pas essayer de faire mieux ?

Les arbres et les autres plantes

On dénombre un bon demi-million d'espèces de plantes différentes. Apprends à reconnaître celles de ton environnement.

Quelle est la hauteur de cet arbre ?

1. Cherche un bâton aussi grand que ton bras tendu.
2. Tiens le bâton dans ta main, droit devant tes yeux.
3. Place-toi là où le pied et le sommet de l'arbre correspondent aux parties supérieure et inférieure du bâton.
4. La distance qui te sépare de l'arbre est égale à la hauteur de l'arbre. Pour la mesurer, tu peux compter tes pas.
5. Compte le nombre de pas que tu dois faire pour arriver jusqu'à l'arbre et multiplie par la grandeur d'un de tes pas.

N'oublie pas ton guide

Dans un guide sur la nature, tu trouves, en plus des photos ou des dessins de la plante, une description et aussi des indications détaillées. Prends l'habitude de te promener avec ton guide en main.

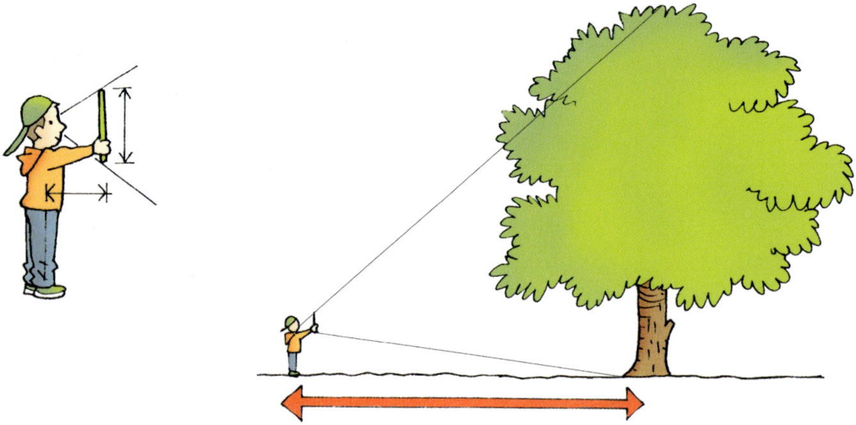

Cette distance est égale à la hauteur de l'arbre.

Quel est l'âge de cet arbre ?

La circonférence du tronc de la majorité des feuillus augmente d'environ 2,5 cm par année. Pour pouvoir évaluer l'âge d'un arbre, il suffit de mesurer la circonférence de l'arbre (à environ 1,5 m du sol) et de diviser le chiffre obtenu par 2,5. Attention : il y a des exceptions à cette règle !

Quel âge avait cet arbre ?

Pour un arbre vivant, tu ne peux qu'estimer l'âge. Mais si l'arbre est abattu, il devient possible de compter ses anneaux de croissance, les cercles foncés et clairs. Chaque anneau foncé représente une année.

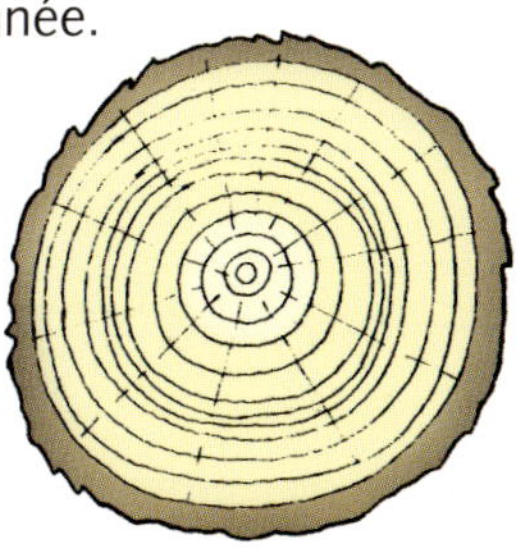

Une presse à fleurs

Tu peux réaliser une presse pour sécher des fleurs ou des feuilles.

Ce qu'il te faut :
- 2 plaques de multiplex de 25 x 25 cm de surface et d'environ 1 cm d'épaisseur ;
- 4 écrous à papillon ;
- de la laque ou du vernis ;
- 6 morceaux de carton de 20 x 20 cm.

1. Fais un trou dans chaque coin pour y mettre l'écrou.

2. Enduis le bois avec de la laque ou du vernis et laisse sécher.
3. Glisse les feuilles de carton, entre lesquelles tu as disposé les fleurs ou les feuilles dans la presse, puis serre bien les 4 écrous.

En reconnaissance la nuit

La nuit n'est pas le moment où il ne se passe rien.
La nuit est pleine de bruits et de lumières étranges...

Préparation de l'observation nocturne

Cela se prépare soigneusement.

Des vêtements sombres

Enfile des vêtements sombres pour être le moins visible possible. Mais attention : n'emprunte pas des chemins à grande circulation ou alors ajoute des bandes réfléchissantes amovibles sur tes vêtements.

Si tu veux te camoufler complètement, enduis ton visage et tes mains de boue.

Une torche

Enveloppe-la d'un mouchoir ou d'un foulard rouge. De cette manière, la lumière sera tamisée.

Laisse un message indiquant où tu vas

Ne pars jamais la nuit sans prévenir tes parents ou un adulte. Indique avec précision où tu comptes aller et combien de temps tu penses être parti.

Les premiers pas dans l'obscurité

Laisse tes yeux d'abord s'habituer à l'obscurité. Tes pupilles vont se dilater, comme chez les chats, et tes yeux deviendront plus sensibles à la lumière.

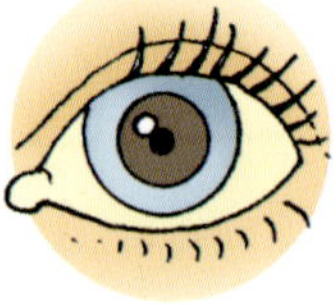

Tes sens vont être plus réceptifs

La nuit tu vois beaucoup moins bien que pendant le jour. Cela ne signifie pas qu'il y a moins de choses à percevoir la nuit. Tes sens devront faire un effort supplémentaire pour compenser la perte de vision. Ton ouïe va jouer un rôle plus important. Tu vas constater que la nuit tu es même capable d'entendre une souris se déplacer. Tes mains et tes pieds vont aussi t'aider. Tes pieds te donnent des informations sur le type de sol sur lequel tu marches. Et tes mains vont t'empêcher de te cogner.

Tu vas (peut-être) voir :

une chauve-souris :
silhouette noire, zigzaguant dans le ciel

un ver luisant :
étincelle brillant dans l'herbe

une grenouille :
œil vert réfléchissant

un chien (loup ?) :
œil blanc réfléchissant

un lièvre :
petite tache blanche mobile de la queue

un hibou :
ombre qui vole sans bruit d'arbre en arbre

Mieux observer

Un « œil » supplémentaire te viendra bien à point. Surtout si tu veux devenir un professionnel de la nature.

Une loupe

Il existe de petites loupes bien pratiques, qui se replient facilement. Celles qui agrandissent le plus sont aussi les plus chères. Une petite loupe te permettra de découvrir pas mal de secrets de la nature.

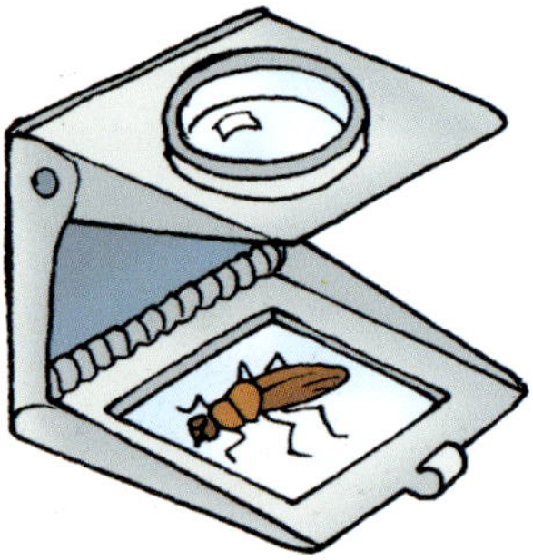

Une loupe-goutte

1. Découpe une loupe dans un morceau de carton et colle un morceau de plastique dessus.
2. Laisse tomber une goutte d'eau sur le plastique. À travers la goutte, le cœur de la fleur est agrandi.

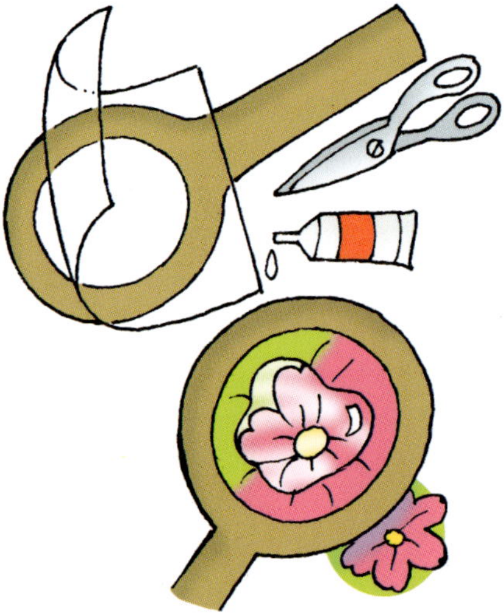

Des lunettes-loupes

Tu veux garder les mains libres ? Remplace les verres d'une vieille paire de lunettes par une loupe. Attache la loupe avec un peu de colle ou du ruban adhésif.

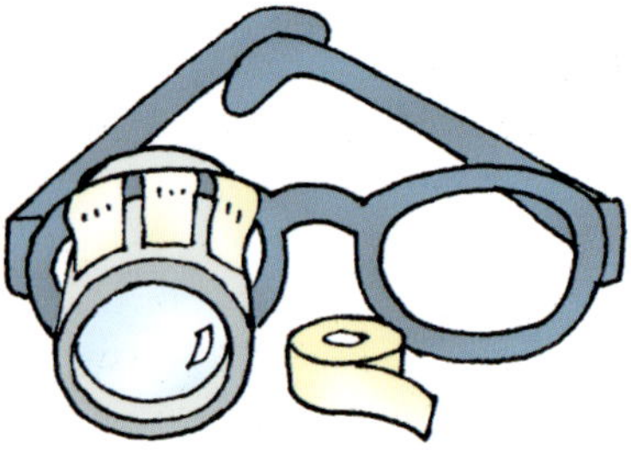

Des jumelles pour l'eau

1. Découpe le fond d'un petit seau en plastique.
2. Tends sur l'ouverture une feuille de plastique transparent, que tu fixes avec un élastique.
3. Enfonce le petit seau avec le côté en plastique vers le bas dans l'eau et observe bien.

Les mains au secours des yeux

Si tu te contentes de regarder simplement ce qui passe devant toi, tu ne verras certainement pas grand-chose. Il faut parfois t'aider de tes mains.

- Soulève une pierre et regarde tous les petits animaux qui vivent en dessous (des cloportes, des vers, des fourmis, des mille-pattes...).
- Retire un morceau d'écorce d'une branche d'arbre tombée. En hiver, tu y découvriras probablement une coccinelle en train d'hiberner.
- Retourne une feuille d'arbre. Au printemps et en automne, de nombreux œufs de papillon sont collés à l'envers des feuilles.

Des jumelles

De bonnes jumelles sont vraiment indispensables si tu veux étudier les oiseaux. Le format le plus pratique est le 7 x 50. Ces chiffres se trouvent sur les jumelles.

7 = 7 fois plus grand
50 = section de la lentille 50 mm

Il existe bien sûr des longues-vues plus puissantes, mais :

- elles sont plus lourdes ;
- tu as besoin d'un pied, sinon l'image tremble.

Attention : *Ne regarde jamais le soleil avec des jumelles. Cela pourrait te rendre aveugle.*

Les photos

Avec un appareil photo assez simple, tu pourras déjà réaliser de belles photos.

Quelques règles générales

1. Lis attentivement le mode d'emploi de ton appareil photo. Si ton appareil photo n'est pas étanche, ce qui suit n'est pas pour toi.
2. Il faut qu'il y ait assez de lumière. Si ce n'est pas le cas, tu devras employer un flash.

sans flash

avec flash

3. Appuie sur le bouton au bon moment. Sinon…

4. Ne bouge pas lorsque tu appuies sur le bouton si tu veux éviter ceci :

5. Le soleil doit se trouver dans ton dos ou de biais.

soleil dans le dos *soleil de face*

Commande à distance de l'appareil photo

Tu peux photographier des oiseaux de près avec une commande à distance.

Ce qu'il te faut :
- 1 tube en plastique de 8 cm ;
- 1 bille ;
- 1 morceau de plastique ;
- 3 élastiques ;
- 1 long fil.

1. Fixe l'appareil photo à une branche ou à une pierre, en utilisant 2 élastiques.
2. Découpe une fente dans le tube. Découpe dans le plastique un disque ovale, perce un petit

trou dedans et attache le fil. Attache le tube avec le dernier élastique fin, au-dessus du déclencheur ; glisse le disque dedans.

3. Place la bille dans le tube. Le disque l'empêche de glisser.

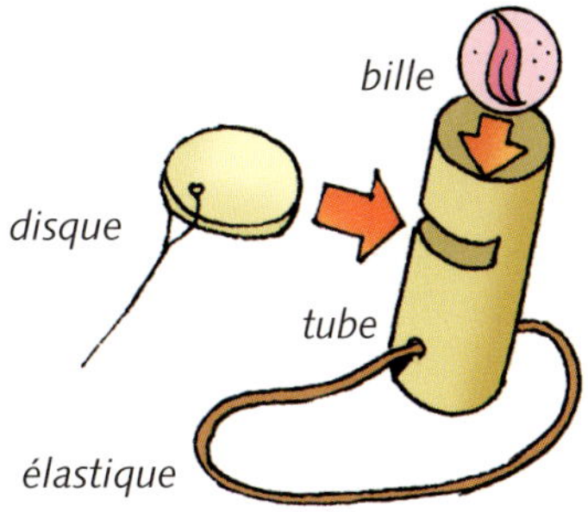

4. Dispose un peu de pain à environ 1 m de l'appareil photo et règle l'appareil pour cette distance.
5. Cache-toi en tenant le fil, qui doit être aussi long que la distance entre l'appareil photo et ta cachette.
6. Dès que tu tires sur le fil, le disque sort de la fente et la bille tombe sur le déclencheur.

Pas d'appareil photo ?
Ce n'est pas catastrophique ! Emporte crayon et papier pendant tes promenades et dessine ce que tu vois. Tu pourras ensuite colorier tes dessins.

Truc : Emploie une planche à dessin.

Camper et jouer

La tente

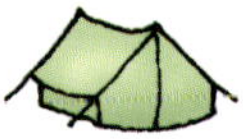

En général, on campe dans un vrai camping.
Mais pourquoi pas dans ton propre jardin ?

Quelle sorte de tente ?

Il existe beaucoup de sortes de tentes différentes, de toutes les tailles et à tous les prix.
Les randonneurs emploient souvent une tente igloo. Elle se compose de 2 ou plusieurs montants que l'on peut courber et qui forment ensemble une sorte d'igloo, d'où son nom.

C'est pratique : il n'est pas nécessaire de fixer la tente au sol.
Tu peux même la monter sur du béton ou du sable. Il faudra cependant ne pas oublier de la lester, sinon le vent risque de l'emporter.

Quel endroit choisir ?

En été, tu dois chercher un endroit ombragé, sinon l'intérieur de la tente est trop chaud.

Nettoie soigneusement l'endroit où tu as choisi de camper : retire les pierres, les branches et les grosses touffes d'herbe. Oriente ta tente pour avoir une belle vue.
Essaie de voir d'où vient le vent, si tu ne veux pas que la pluie entre directement dans la tente.

Piquets et tendeurs

Ta tente doit être bien fixée pour ne pas s'envoler au premier coup de vent.

C'est pourquoi les tentes sont équipées de tendeurs que tu fixes au sol avec des piquets. Enfonce les piquets dans le sol pour qu'ils forment avec les tendeurs des angles de 90°.

Si le sol est très mou, enfonce 2 piquets dans le sol en les croisant.

L'ordre dans le camp

Ranger n'est peut-être pas très amusant, mais c'est nécessaire ! Essaye de donner à tes objets une place fixe.

Les déchets attirent la vermine. Dépose-les dans un sac que l'on peut fermer.

Vois à la page 83 comment faire pour avoir chaud.

Dans et autour de la tente

Si tu pars camper pour un long moment, il est important de rendre les abords de la tente agréables et confortables.

1. Une corde à linge
Indispensable dans tout campement.

2. Fruits et légumes
Accroche-les dans un sac à une branche d'arbre.

3. Piège à insectes
Renverse un pot en verre sur une assiette contenant un aliment sucré. Place quelques petits morceaux de bois entre le bord du pot et l'assiette.

4. Les déchets
Rassemble les déchets et les saletés dans un sac en plastique. Recouvre ce dernier de quelques branches.

5. Un réfrigérateur naturel
S'il y a un point d'eau dans les environs, place les aliments dans un sac en plastique et suspends ce dernier dans l'eau.

6. Sable pour nettoyer
Les pots et les poêles peuvent être nettoyés avec du sable. Bien rincer ensuite.

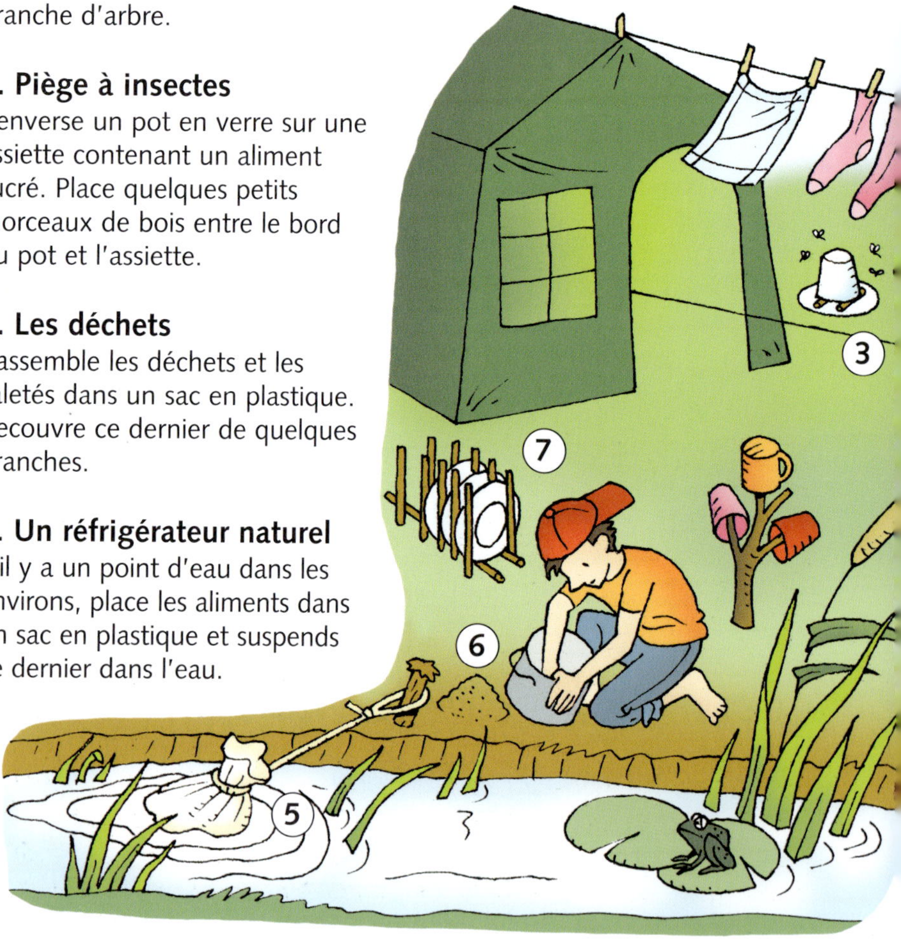

7. Égouttoir

Vite réalisé grâce à 2 grosses branches placées sur le sol et un certain nombre de branches plus fines.

9. Banc

Pratique lorsque le sol est mouillé. Ta corde est-elle suffisamment solide ?

8. Porte-chaussures

Dispose tes chaussures à l'envers sur des bâtons enfoncés dans le sol pour les aérer.

10. Téléphone de camp

Le téléphone classique à base de boîtes de conserve permet de communiquer d'une tente à l'autre.

Le feu de camp

Il n'y a rien de plus agréable qu'un feu de camp.
Il y a cependant quelques règles à respecter.

Le triangle de feu

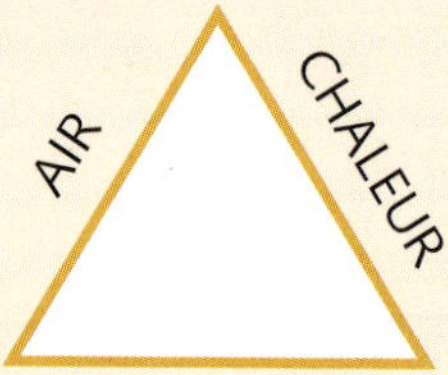

Tout feu a besoin d'air, de chaleur et de combustible pour brûler. Si tu retires 1 des 3 côtés du triangle de base du feu, le triangle s'effondre et éteint le feu.

Un endroit sûr

Dans la plupart des campings, des endroits sont réservés pour y faire un feu. Dans d'autres, il faut demander l'autorisation du propriétaire. Choisis un endroit ouvert, loin des tentes, des arbres et des buissons. Il est interdit de faire un feu dans le bois ou les bruyères. **Attention :** N'allume jamais un feu, s'il y a du vent ou si la végétation est très sèche.

Comment démarrer un feu ?

1. Creuse un trou d'une profondeur de 15 cm et d'un diamètre de 40 cm.

2. Forme un cercle avec des grosses pierres tout autour du trou, et prépare un seau d'eau et une pelle.

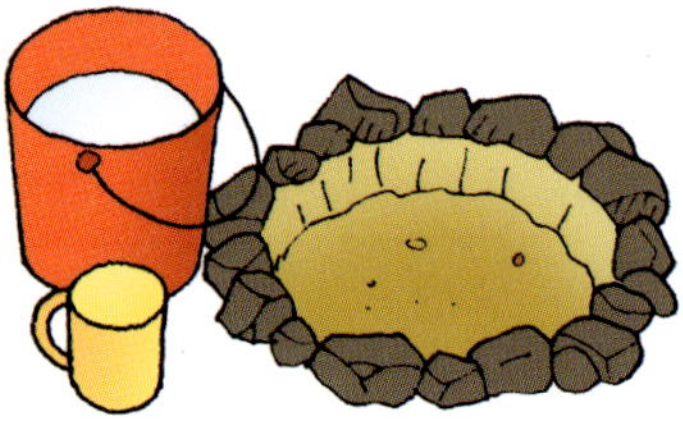

3. Allume le feu dans le trou avec des feuilles et des brindilles. Tu peux ensuite y mettre des branches.

Amadou

Pour allumer le feu, il te faut des matériaux qui brûlent très vite. Une étincelle doit suffire. Comme amadou, tu peux employer des herbes séchées, des copeaux, de l'écorce de bouleau, des pommes de pin tombées et écrasées, des aiguilles de sapin…

Obtenir du petit bois

Le meilleur petit bois est du bois mort. Même s'il est mouillé, il brûlera mieux que du bois encore vert.

Si tu as une scie ou une hache, tu peux procéder de la manière suivante :

Le choix du bois

Du bois dur, du chêne ou du hêtre, brûle bien, donne beaucoup de chaleur et de belles braises qui restent rouges et chaudes pendant longtemps.

Du bois plus tendre, du sapin ou du pin, brûle très vite (et donc est plus vite consumé) et donne des flammes très hautes.

Sans allumettes ?

Si tu as une loupe et que le soleil brille, tu peux concentrer les rayons du soleil sur un matériau rapidement inflammable.

Trop de fumée

La fumée est le résultat d'une combustion incomplète. Le feu a besoin d'air pour bien brûler, il ne faut pas entasser trop de bois à la fois. Le bois mouillé donne aussi beaucoup de fumée. La fumée a ceci de bien, c'est qu'elle tient les mouches, les moustiques et les autres insectes à bonne distance.

Faire des nœuds

Il existe de nombreuses manières de faire des nœuds, adaptés à toutes les situations.

Le nœud plat

Pour lier 2 morceaux de corde de même taille.

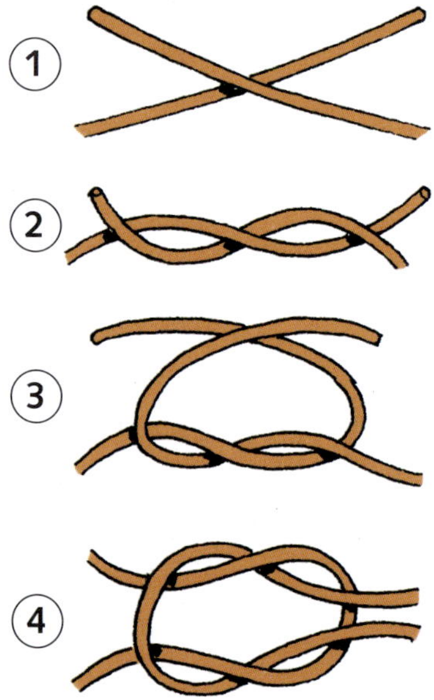

Le nœud de tisserand

Pour nouer 2 morceaux de corde d'épaisseurs différentes.

Le nœud de capucin

Pour raccourcir une corde.

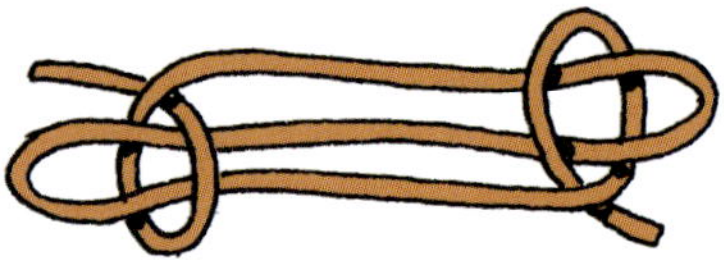

Le nœud d'agui

Pour faire une boucle qui ne peut pas être agrandie.

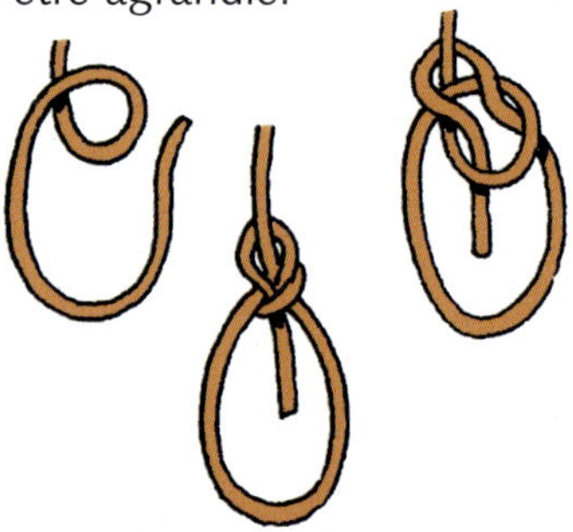

Le nœud d'agui lâche

Pour réaliser un nœud avec une boucle qui peut facilement être raccourcie.

Fais un petit nœud d'agui et passe le morceau le plus long à travers la boucle.

Le nœud coulant

Pour fixer solidement.

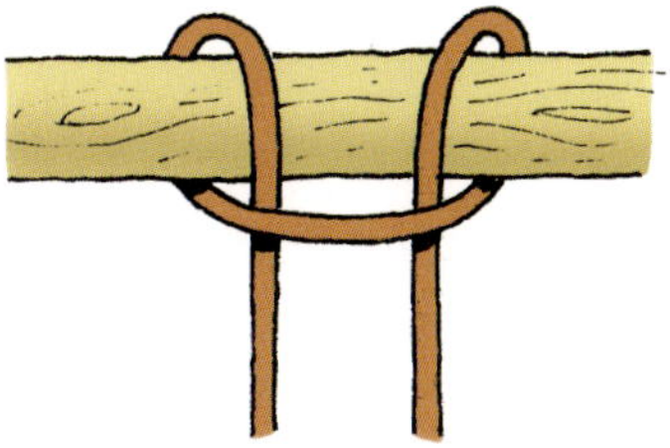

Le demi-nœud

Pour attacher solidement à un arbre ou à un piquet.

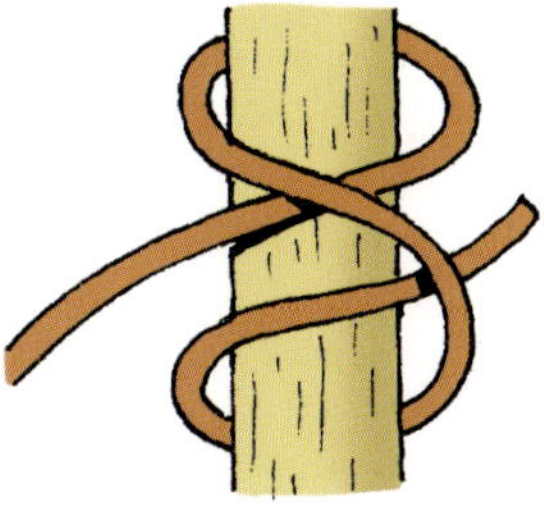

Le nœud d'amarrage

Pour transporter un seau ou une boîte sans anse.

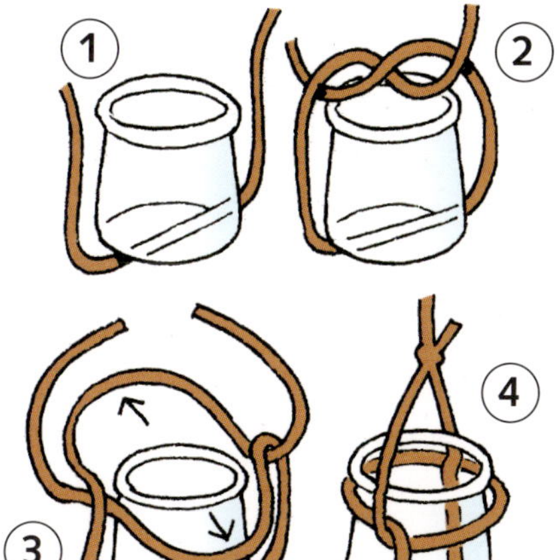

Le brelage

Pour lier des piquets ou des poutres qui se croisent.

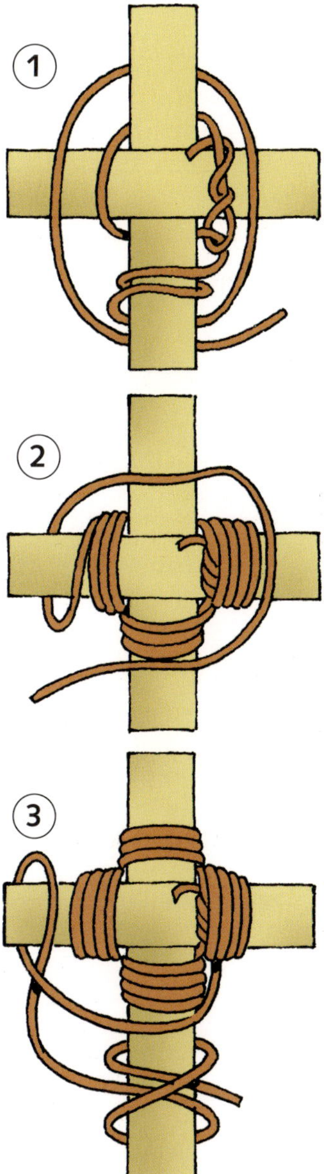

Les alarmes

Tu ne te sens pas en sécurité le soir dans ta tente ? Fabrique-toi un système d'alarme.

Une alarme qui craque…

Dispose des tas de brindilles autour de ta tente. Crois-tu que quelqu'un serait capable de passer sans faire craquer les branches ?

Du fil dissuasif

Tends devant l'entrée de ta tente un fil de Nylon qui, lorsqu'on le touche, provoque la chute d'un objet.

Du fil défensif

Tends tout autour de ta tente, à environ 10 à 20 cm du sol, des fils de Nylon. C'est un bon système d'alarme que tu testeras si tu ne fais pas attention en sortant le matin de la tente !

Ou encore plus énergique : imagine un système où, lorsqu'on touche le fil, on renverse un seau d'eau.

Un drapeau

Pas de camp sans drapeau !

Le poteau (hampe)

Cherche un tronc de sapin ou de pin qui est tombé. Scie ou coupe toutes les branches et pèle l'écorce.

Le drapeau

N'importe quel morceau de tissu peut servir de drapeau. Un morceau découpé dans un vieux drap est parfait.

La hampe

Creuse un trou. Plus haute est la hampe du drapeau et plus profond doit être le trou.

Demande à un adulte (ou à un de tes amis grand et fort) de redresser la hampe et de t'aider à mettre le bout inférieur dans le trou.

Pendant que quelqu'un tient la hampe bien droite, remplis le trou avec des pierres ou du gravier et ajoute par-dessus une couche de terre. Tasse bien avec tes pieds.

Jeux d'eau

S'il fait très chaud, rien n'est plus rafraîchissant que les jeux d'eau.

Le panier rempli d'eau

4 joueurs au minimum

Ce qu'il faut :
- 2 bouées ;
- 1 balle.

Les joueurs sont divisés en 2 équipes. Un joueur de chaque équipe reçoit une bouée. C'est le panier. Les autres joueurs doivent essayer de lancer la balle dans leur propre panier. Mais les joueurs de l'équipe adverse doivent essayer de les en empêcher. Ces derniers essaient de reprendre la balle pour la jeter dans leur propre panier.

Dès que la balle atterrit dans la bouée, l'équipe marque 1 point.

Le jeu des pirates

2 joueurs ou plus

Chaque joueur a besoin d'un bateau. Cela peut être un matelas pneumatique, une bouée, un radeau ou un bateau en caoutchouc (pages 110 et 111).

Le but est de prendre l'autre bateau à l'abordage et de jeter le capitaine par-dessus bord. Celui qui tombe dans l'eau est éliminé. Le dernier qui réussit à rester à bord est le « pirate de l'année ».

Attention

Ce jeu peut se jouer dans la mer, mais il faut faire attention. À marée haute ou par grand vent, il est dangereux de partir en mer sur de petits bateaux.

La danse des bouteilles

Plus il y a de joueurs, plus c'est gai !

Ce qu'il faut :
- des bouteilles en plastique (une bouteille en moins que le nombre de joueurs).

Ce jeu est une variante aquatique des chaises musicales.
Toutes les bouteilles (cela peut aussi être des balles ou tout objet flottant) sont jetées dans l'eau, dans toutes les directions.

Les joueurs vont ensuite se placer au bord de l'eau.
Lorsque le signal est donné, ils se jettent dans l'eau et essaient de ramener une bouteille jusqu'au bord.

Celui qui n'a pas réussi à ramener une bouteille est éliminé.
Le meneur de jeu retire à chaque fois une bouteille. Le gagnant est celui qui ramène la dernière bouteille.

Variante de la danse des bouteilles

Introduis dans les bouteilles des papiers enroulés sur eux-mêmes. Inscris un chiffre sur chaque papier.

Cette fois-ci, il y aura 2 gagnants. Celui qui ramène la dernière bouteille et celui qui a rassemblé le plus grand nombre de points.

Jeux de plage

Voici quelques jeux amusants si tu es en vacances à la plage.

L'arche (marine) de Noé
Jeu de groupe

Un grand cercle est dessiné sur la plage : c'est l'arche de Noé. On entoure ce cercle de carrés. Combien ? Un carré en moins que le nombre de joueurs. Les carrés sont les cages des animaux.

Noé est représenté par un des joueurs. Il se trouve au milieu de son arche. Les autres joueurs représentent les animaux marins. Chacun choisit un animal différent : une méduse, une étoile de mer… Ensuite les animaux vont se placer dans les cages. Noé fait une tournée d'inspection et appelle 2 animaux.

Le compas géant
Tu le réalises à l'aide d'une bout de ficelle et de 2 bâtons.

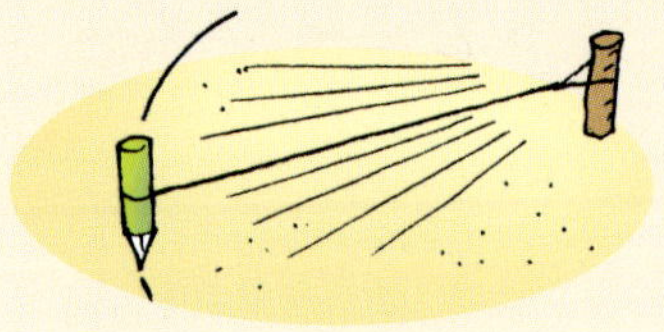

Quand il tape dans les mains, ces animaux changent rapidement de place. Mais Noé veut aussi se reposer. Il essaie d'aller s'asseoir à un endroit libre. L'animal qui reste debout a perdu et doit prendre sa place.

Le poulpe part à la chasse

4 joueurs au minimum

Ce qu'il faut :
- 1 corde ;
- 1 sac en plastique ;
- 1 balle.

Il faut d'abord réaliser le bras du poulpe : on attache une corde à un sac en plastique contenant une balle.

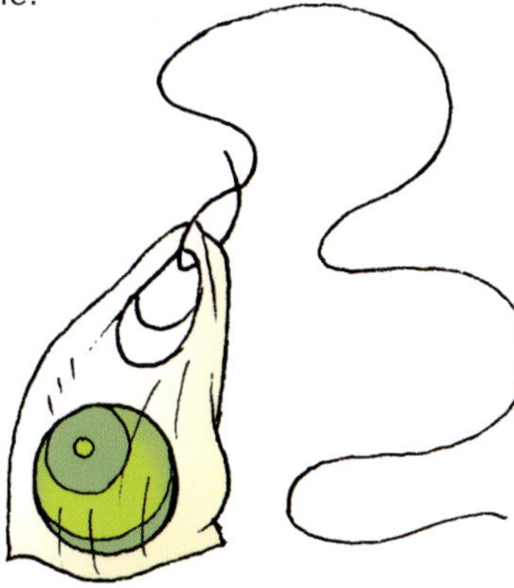

Un grand cercle est ensuite dessiné dans le sable. Le rayon doit être aussi grand que le bras du poulpe. Un des joueurs tient le rôle du poulpe. Il tourne son « bras » dans le cercle et essaie d'atteindre un des joueurs. Mais attention : le bras doit rester en contact avec le sol. Celui qui est touché par le bras est éliminé. Le dernier qui reste devient le poulpe.

Le jeu de dames de plage

2 joueurs

Lorsque la plage est mouillée, un damier est dessiné à l'aide d'un petit bâton. 2 sortes de coquillages différents, par exemple des coques et des moines, sont les pions. Attention : Le jeu doit être terminé avant la marée !

À la place du jeu de dames, on peut jouer à OXO. Ou à tout autre jeu qui ne demande que du papier (sable) et un crayon (petit bâton).

Jeux dans les bois

Dans les bois aussi, il est possible de bien s'amuser tout en respectant la nature.

Sur la piste des Indiens

Plus le nombre de joueurs est élevé, plus le jeu devient excitant.

Ce qu'il faut :
- des bâtons ;
- 1 longue corde ;
- 1 parure d'Indien.

Un des joueurs est le Grand Manitou. Il est assis quelque part dans la forêt et est facilement reconnaissable à ses belles plumes. Le cercle (qui a au moins un diamètre de 10 m) est délimité à l'aide de bâtons enfoncés dans le sol et reliés par une corde.

Les autres joueurs doivent essayer de pénétrer dans le cercle sacré en rampant. Mais le Grand Chef a les yeux partout ! Dès qu'il reconnaît un joueur, il l'appelle par son prénom pour l'arrêter. Ce n'est que lorsqu'il regarde dans une autre direction que les joueurs peuvent continuer à ramper. Le premier qui pénètre dans le cercle sacré sans avoir été repéré reçoit la parure de plumes et il devient le nouveau grand chef.

Une parure d'Indien

Du carton strié, des plumes et du papier collant : il ne faut pas plus pour faire la coiffe.

Le jeu des bruits

Jeu de groupe

Ce qu'il faut :

Environ 6 « instruments » :
- 1 klaxon ;
- 1 boîte pleine de gravier ;
- 1 sonnette de vélo ;
- 1 tonnelet de poudre à lessiver en guise de tambour ;
- 1 crécelle en bois ;
- 1 poêle et 1 louche.

Les 6 bruiteurs se dispersent dans le bois, chacun avec son instrument. Plus ils sont éloignés l'un de l'autre, plus le jeu devient difficile.
Chaque bruiteur a reçu un marqueur d'une couleur différente.

À un signal donné, les bruiteurs commencent à faire de la « musique ». C'est le signal de départ pour les autres joueurs, qui doivent essayer de repérer aussi rapidement que possible les différents bruits.

Dès qu'un joueur trouve un des bruiteurs, il est marqué d'un chiffre sur la main. Le bruiteur inscrit le chiffre 1 sur la main du premier joueur qui le trouve. Le deuxième a le numéro 2, etc.

Dès que l'un des joueurs a retrouvé les 6 bruits, le jeu est terminé. Ensuite on compte les chiffres que chaque joueur a sur la main. Celui qui totalise le plus grand nombre de points a gagné.

Jeu de nuit

Ce jeu de bruits devient très mystérieux quand il se déroule la nuit, quand il fait noir.

Jeux dans l'herbe

Voici quelques petits jeux pour le jardin ou le parc.

Jeu du panier

1 ou 2 joueurs

Ce qu'il faut :
- 1 récipient vide ;
- 1 petite balle.

Le panier à balles
Le fond d'une bouteille en plastique qui a une poignée est découpé. Attention : il faut demander l'aide d'un adulte.

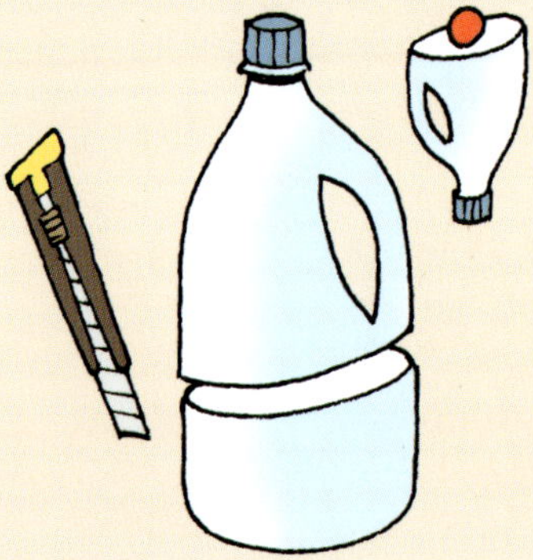

1 seul joueur
Il lance la balle en l'air et la rattrape avec le panier. D'abord en ne bougeant pas, puis en courant et, pour terminer, en sautant sur un pied. Ou bien il lance la balle contre un mur et essaie de l'attraper à nouveau.

2 joueurs
Ils se lancent la balle et essaient de la rattraper avec le panier. Chaque balle rattrapée donne 1 point. Chaque joueur peut essayer de rendre la partie plus difficile à son adversaire.

Lutte à la corde

2 joueurs et plus

Un joueur pose un bâton dans l'herbe et essaie de tirer le ou les autres joueurs au-dessus du bâton.

Jeu de quilles

2 joueurs et plus

Ce qu'il faut :

- 9 bouteilles en plastique ;
- du gravier ou du sable ;
- 1 balle.

Les bouteilles en plastique sont remplies de gravier ou de sable. Elles sont ensuite déposées en triangle.

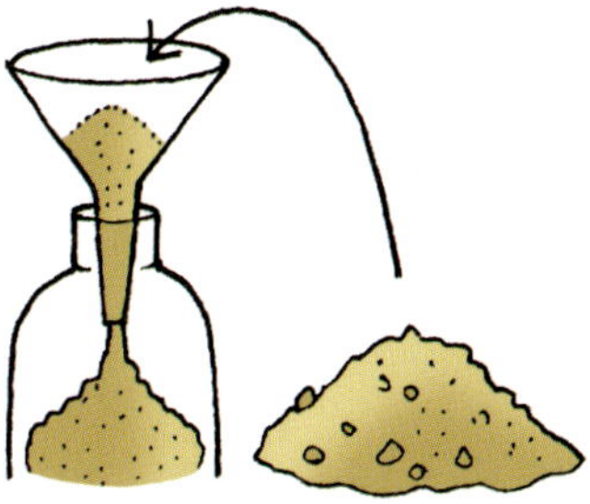

Le premier joueur doit essayer de renverser le plus de quilles en 3 lancers.

Chaque quille renversée donne 1 point. Si le joueur renverse toutes les quilles, il reçoit 5 points supplémentaires.

Pêcher avec des anneaux

2 joueurs et plus

Ce qu'il faut :

- 1 bâton par joueur ;
- 1 corde et 1 anneau de rideau par joueur ;
- 1 bouteille par joueur.

Quelques cannes à pêche sont fabriquées. Le premier joueur à pouvoir enfiler un anneau autour du goulot de la bouteille est le gagnant.

Jeux autour du feu

Le feu de camp du soir est le moment idéal pour un petit jeu.

L'improvisation

Raconter une histoire...
2 joueurs racontent ensemble une histoire sur un sujet donné par le public. Mais... chacun ne peut dire qu'une phrase lorsque vient son tour.

« Il était une fois un chien »
« C'était une vraie bête féroce... »

... en forme de poème
Cela se corse si le récit doit être mis en vers. Le conteur doit d'abord inventer une phrase qui rime avec la phrase précédente et il peut ensuite inventer une nouvelle phrase.

Conteur 1 :
« Il était une fois un chien... »

Conteur 2 :
« Qui aboyait pour un rien.
Il était gros et gras... »

Conteur 1 :
« Et se moquait des rats.
Lorsqu'un jour, il découvrit... »

Un sablier

Un sablier est pratique pour les jeux où le temps est minuté ou qui ne doivent pas durer trop longtemps. Il peut être réalisé à partir de 2 bouteilles en plastique, de sable et d'une bande adhésive assez large.

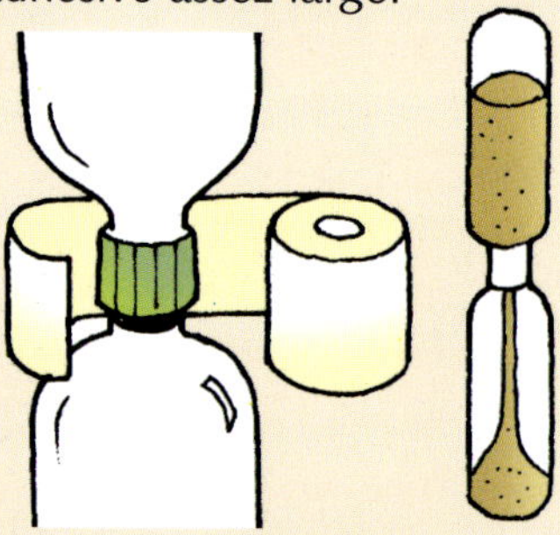

Le sable s'écoule trop vite ? On laisse le bouchon sur la bouteille et on perce un trou dedans. Plus petit est le trou, plus il faudra de temps pour que le sable s'écoule.

Le jeu des imitations

Le premier joueur fait un geste, le deuxième l'imite et ajoute un nouveau geste, le suivant imite les deux premiers gestes et en ajoute encore un autre.

Le jeu consiste à reproduire le plus grand nombre de gestes dans le bon ordre. Celui qui brise la chaîne de gestes a un point de pénalité.

Comment t'appelles-tu ?

Tout le monde est assis, à l'exception du meneur de jeu. Il tourne le sablier, dit une lettre, lance une balle vers un des joueurs et commence à poser des questions : Comment t'appelles-tu ? Où habites-tu ? Où vas-tu à l'école ?

La réponse doit toujours commencer par la lettre donnée au départ. Celui qui répond à toutes les questions et ne se trompe pas devient le meneur quand le temps est écoulé.

Le journal parlé

On regarde la télévision autour du feu de camp. C'est un drap blanc devant lequel les participants prennent la parole à tour de rôle :

- La météo : Un speaker annonce les prévisions météo pour les jours à venir, de préférence de manière humoristique.

- Les nouvelles : Un journaliste relate les événements de la journée, en commençant par les choses les plus farfelues.
- Un commentateur sportif commente les prestations sportives de la journée. En exagérant, bien entendu !
- Un chanteur ou une chanteuse chante sa dernière chanson.

Truc : *On utilise le sablier pour chaque partie de programme, pour éviter que quelqu'un ne parle pendant toute la soirée !*

Jeux dans la tente

Fais ces activités amusantes s'il pleut et que tu dois rester dans la tente.

Le jeu du hamster

2 joueurs et plus

Ce qu'il faut :
- 1 dé ;
- 6 petits pots ou boîtes ;
- des noix ou des bonbons.

Les pots sont numérotés de 1 à 6 et alignés. Chaque joueur reçoit 6 noix et chacun lance le dé quand vient son tour. Si le dé indique le chiffre 3, le joueur met une noix dans le pot numéro 3.

Si c'est le 5 qui sort, alors la noix va dans le pot numéro 5.
S'il y a déjà une noix dans le pot, le joueur peut la retirer du pot.
Il faut essayer de rassembler le plus de noix possible. Dès que quelqu'un n'a plus de noix, on compte les noix. Celui qui a le plus de noix est le gagnant.

Le jeu des petits cochons

2 joueurs et plus

Chaque joueur dessine le contour d'un cochon.

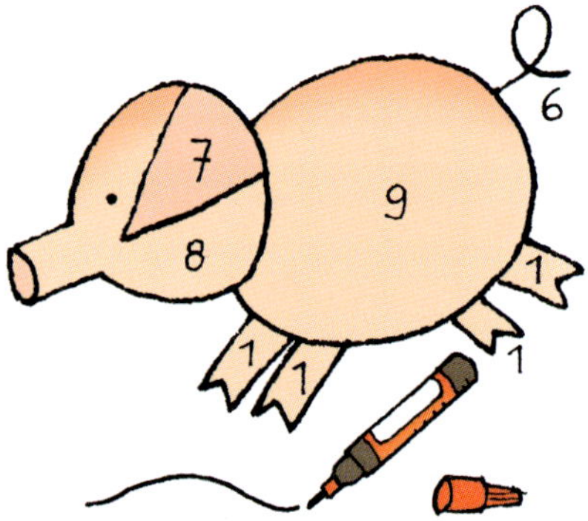

Ensuite on essaie de noircir le plus rapidement possible avec de l'encre toutes les parties du cochon. Le total des chiffres donnés par les 2 dés indique la partie à colorier :
corps : 9 points
museau : 8 points
oreille : 7 points
queue : 6 points
pattes : 1 point (si le chiffre 1 sort 2 fois, on peut noircir 2 pattes).
Chaque joueur lance les dés chacun son tour. Celui dont le cochon est le premier totalement noirci a gagné.

Le crayon-toupie

S'il n'y a pas de dé, on peut fabriquer un disque-dé.
On découpe un octogone dans un carton, on inscrit les chiffres de 1 à 8 dessus, on pique un crayon au centre et on laisse tourner le disque autour. Le côté qui touche la table indique le nombre de points auquel le joueur a droit.

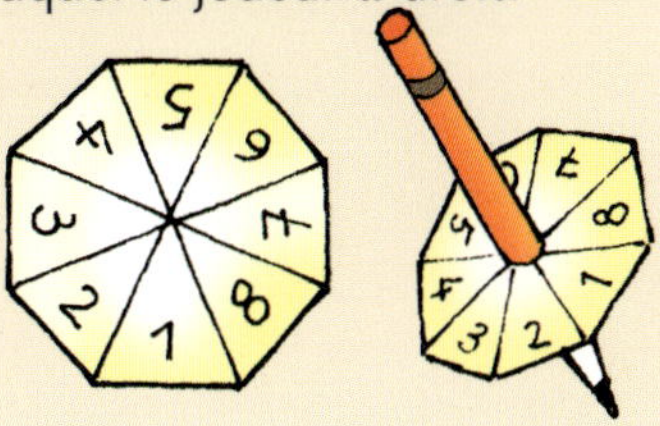

Faire l'inventaire

2 joueurs et plus

Chaque joueur reçoit du papier et un crayon et inscrit l'une en dessous de l'autre les 26 lettres de l'alphabet.
Au signal du départ, chacun écrit le nom d'un objet qui se trouve dans la tente et qui commence par la 1re lettre, ensuite par la 2e...

Lorsque le temps est écoulé (voir le sablier à la page 70), on compte le nombre d'objets inscrits. Les joueurs reçoivent 1 point pour chaque objet correct.

Par petits bouts

2 joueurs et plus

Chaque joueur reçoit du papier et un crayon et divise sa feuille en 6 colonnes.
Dans chaque colonne il inscrit 2, 3, 4, 5, 6, 7. Un des joueurs prononce maintenant un mot d'au moins 10 lettres. L'autre joueur essaie de trouver le plus grand nombre de mots possible avec les lettres du mot.

Les mots de 2 lettres viennent dans la colonne 2, ceux de 3 lettres dans la colonne 3, etc.
Lorsque le temps est écoulé, les points sont comptés :
2 points pour chaque mot de 2 lettres, etc.

Bon à savoir

La météo

Si tu prévois une balade, il vaut mieux écouter les prévisions météo à la radio ou à la télévision. Cela évitera des surprises désagréables.

Comment lire le baromètre

Le baromètre donne la pression atmosphérique. Quand le baromètre monte (vers 780 mm), tu peux t'attendre à du beau temps.
Si le baromètre descend, le temps va devenir mauvais, avec de la pluie, de la neige ou de la grêle.

Une pomme de pin comme baromètre

Par mauvais temps, les pommes de pin se referment pour que les semences ne tombent pas. Si le temps se met au beau, elles s'ouvrent. Tu peux déposer une pomme de pin sur le rebord de ta fenêtre : tu as ton baromètre personnel.

La pierre météorologique

Une pierre peut t'informer sur le temps. Si la pierre est mouillée, le temps est humide. Si la pierre est froide, l'air est froid. Si la pierre est chaude, l'air est chaud. Si la pierre est cachée sous une couche de neige, c'est qu'il neige ou qu'il a neigé. Si la pierre s'est envolée, reste à l'intérieur !

Le thermomètre

Le thermomètre te permet de lire la température. Mais attention : il ne faut jamais mesurer la température au soleil. Cherche un lieu ombragé, de préférence au nord.

L'échelle de Beaufort

Ce tableau permet de lire la force du vent.

Peur de l'orage ? Regarde à la page 92.

Échelle	Description	Km/h	Effets
0	calme	0-1	La fumée s'élève verticalement.
1	très légère brise	1-5	Le vent incline la fumée.
2	légère brise	6-11	Les feuilles frémissent.
3	petite brise	12-19	Les drapeaux légers flottent.
4	jolie brise	20-28	Le vent soulève poussières et papiers.
5	bonne brise	29-38	Les petits arbres s'agitent.
6	vent frais	39-49	Les parapluies se retournent.
7	grand vent	50-61	Les arbres bougent.
8	coup de vent	62-74	Marcher est une tâche difficile.
9	fort coup de vent	75-88	Des tuiles sont arrachées.
10	tempête	89-102	Des petits arbres sont déracinés.
11	violente tempête	103-117	De grands arbres sont déracinés.
12	ouragan	>118	Les maisons subissent de gros dégâts.

Direction du vent grâce au doigt mouillé

Pour savoir de quelle direction vient le vent, tiens ton doigt mouillé en l'air : du côté nord, ton doigt deviendra froid.

Constater l'humidité par le nez et les oreilles

L'odeur des plantes et des fleurs devient plus forte juste avant qu'il ne commence à pleuvoir, car les plantes s'ouvrent pour pouvoir recueillir les gouttes de pluie.

Tes oreilles aussi te permettent de percevoir l'humidité. L'air chargé d'humidité joue l'effet d'un renforçateur.

C'est pourquoi les sons porteront plus loin quand le temps tourne à la pluie.

La nature donne la météo

On prévoit du beau temps…

La fumée monte tout droit.

Le coq chante à temps et à contretemps.

Le ver luisant brille le soir.

Les pâquerettes s'ouvrent.

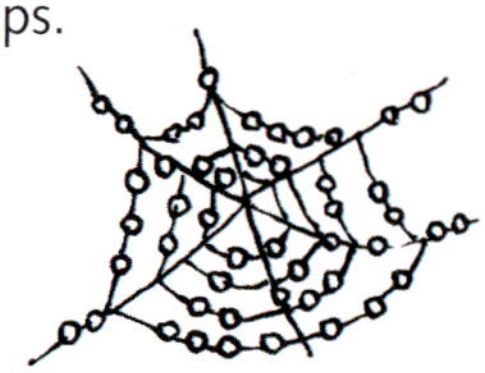

Il y a de la rosée matinale.

Les grillons chantent à tue-tête.

Grenouilles et crapauds organisent un concert nocturne.

Les fourmis sont très actives.

Les hirondelles volent haut.

Les poissons ne mordent pas à l'hameçon.

On attend du mauvais temps...

Les hirondelles volent bas.

Les oiseaux se rassemblent sur les fils.

Les pâquerettes se referment.

Le chat se lave à fond.

Les abeilles se dépêchent de rentrer dans les ruches.

La vache galope avec la queue en l'air.

Les poissons mordent à l'hameçon.

Les poissons font des bonds hors de l'eau.

Il y a un anneau autour de la lune.

Les insectes piquent beaucoup.

Trop chaud

Ton corps n'aime pas la chaleur excessive.
Il faut donc l'aider.

5 trucs anti-chaleur

1. Réfléchir les rayons
En été, porte des vêtements de couleur claire. Ils réfléchissent les rayons du soleil.

2. Se rafraîchir rapidement
Plonge dans la piscine ou prends une douche froide. Également efficace : passe tes poignets sous l'eau froide.

3. Chercher l'ombre
Ne reste pas au soleil par temps chaud. Cherche l'ombre ou l'endroit le plus frais de la maison.

4. La sieste
Reste tranquille au moment le plus chaud de la journée.
Dans les pays chauds, les gens font la sieste. Les Italiens appellent cela la « méridienne ».

5. Rester au frais pendant la nuit
Humecte un grand drap de bain avec un vaporisateur à plantes et dépose-le sur toi.

Comme les gens du désert

Les peuples arabes vivent dans un climat chaud et ils portent plusieurs couches de vêtements amples. C'est fou ? Non, car, entre les couches de vêtements, il y a une couche d'air isolante qui empêche la transpiration de s'évaporer et garde le corps au frais.

Cette sorte de couvre-chef arabe protège des ardeurs du soleil et emmagasine le vent, qui permet de se rafraîchir.

Un éventail fabrication maison

Ce qu'il te faut :
- 7 bâtonnets (de glace) ;
- 1 petite foreuse à main ;
- 1 bout de ficelle ;
- du papier solide ;
- des ciseaux et de la colle ;
- des marqueurs.

1. Fais un petit trou dans chaque bâton.

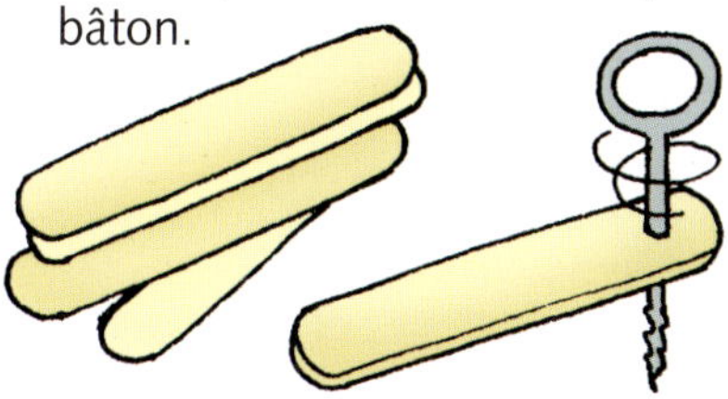

2. Relie les petits bâtons avec une ficelle.

3. Dispose les petits bâtons en éventail sur le papier.

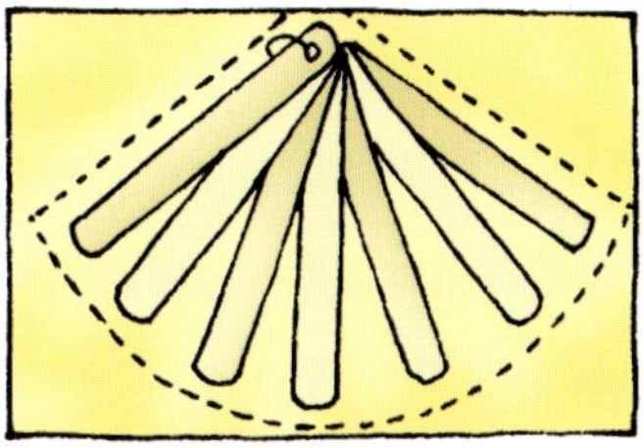

4. Dessine le modèle, retire les petits bâtons et découpe la forme.

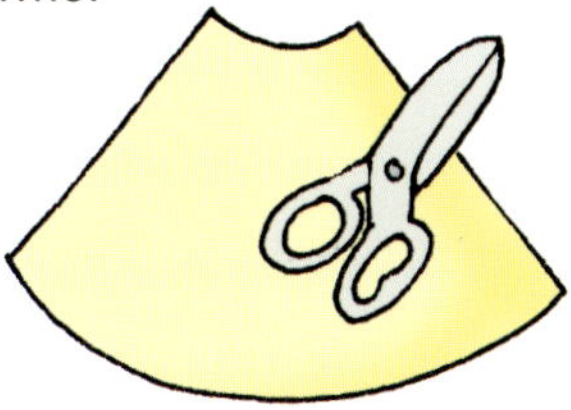

5. Décore le papier.

6. Colle le papier sur les petits bâtons… voici de quoi te rafraîchir.

Trop froid

Avoir trop chaud n'est pas agréable.
Mais avoir trop froid non plus.

5 trucs anti-froid

1. Comme un mouton
Un gros pull en laine donne plus de chaleur que 3 pulls fins en coton superposés. Les fibres de la laine contiennent beaucoup d'air et cet air agit comme un isolant.

2. Avec des ficelles
Une grosse quantité de chaleur sort par les manches et les bas des pantalons. Resserre-les avec des cordelettes.

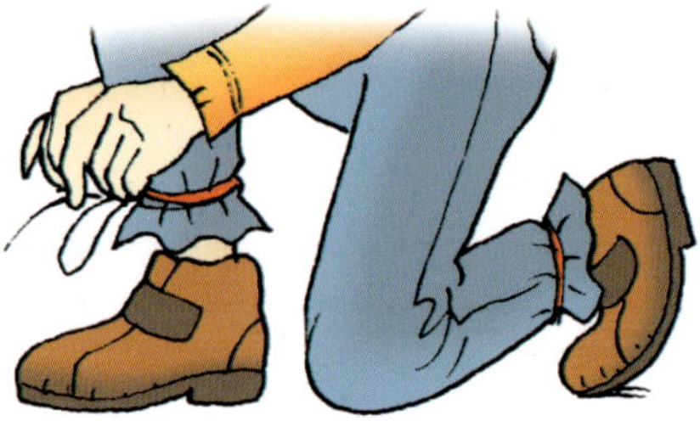

3. Du papier journal
S'il gèle vraiment fort, mets quelques journaux sur ton corps. Ils isolent très bien.

4. Avoir chaud aux pieds
Enfile 3 paires de chaussettes de tailles différentes l'une sur l'autre.

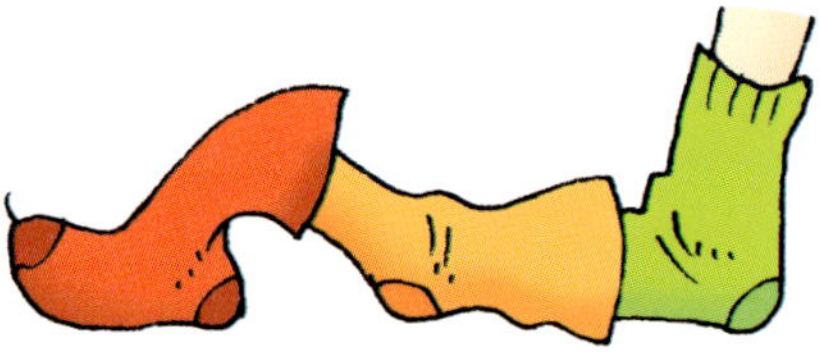

5. Avoir chaud aux mains
Lorsqu'il fait très froid, dépose 2 grosses pierres sur le radiateur. Quand tu pars en promenade, tu en mets une dans chaque poche. Et tu les tiens dans les mains.

Petit dictionnaire hivernal

Être bleu de froid
Lorsque tu as froid, il y a moins de sang rouge à la surface de la peau. Ta couleur est plus pâle ou bleutée.
Avoir la chair de poule
Quand les animaux ont froid, ils redressent leurs plumes ou leurs poils. Leur peau est parcourue de muscles qui leur permettent de redresser leur pelage ou leur plumage. Toi aussi, tu as des muscles qui permettent à tes petits poils de se redresser. Mais comme tu as peu de poils, cela ne te protège pas du froid.
Frissonner de froid
Quand tu frissonnes, tous tes muscles se contractent. Et de cette façon, ils fournissent de l'énergie à ton corps.

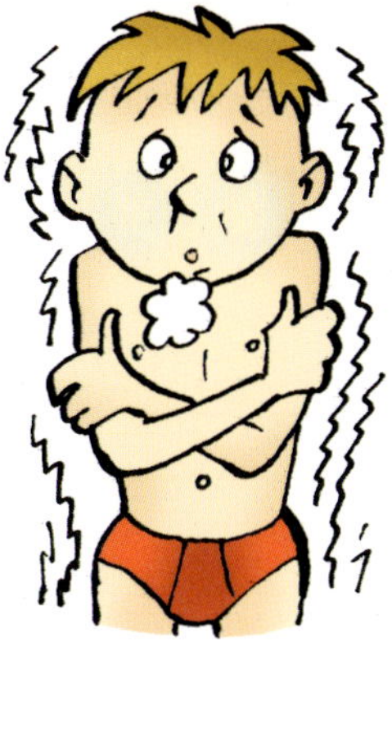

Dormir dans une tente

Même s'il a fait bien chaud pendant la journée, les nuits peuvent être très fraîches. Si tu dors dans une tente, tu dois prendre quelques précautions. Comme le froid sort en général du sol, il te faut un matelas épais. Étale ton matelas sur une couche de foin, de paille ou de fougères.
Une grosse quantité de chaleur s'échappe par ta tête : pendant les nuits froides, dors avec un bonnet. Et n'oublie pas : il vaut mieux un pyjama bien chaud que des couches de vêtements enfilés les uns sur les autres.

Manger

Les oiseaux et les mammifères sont des animaux à sang chaud. La nourriture est en partie transformée en énergie qui sert à maintenir la température du corps. Tu es un être à sang chaud. Mange bien pour te protéger du froid.

Les signaux

Il existe différents systèmes de codes pour transmettre des messages.

Le morse

L'alphabet morse a été créé vers 1838 par l'Américain Samuel Morse, l'inventeur du télégraphe. Les signaux de l'alphabet morse sont facilement transmissibles avec une torche : 1 lueur brève pour 1 point, 1 lueur longue pour 1 trait.

Il faut encore savoir ceci :
- 1 trait a la même longueur que 3 points.
- Entre 2 lettres, attendre autant qu'entre 3 points.
- Entre 2 mots, attendre autant que pour 6 points.

Tu en connaîtras plus sur les signaux de détresse à la page 99.

Avec des drapeaux

La marine emploie des drapeaux. Chaque drapeau correspond à une lettre.

Avec le code d'épellation

Pour transmettre des communications par radio, on emploie un code d'épellation international. Chaque lettre a un nom.

Un message secret

Pour que personne ne puisse déchiffrer ton message, tu peux l'écrire avec de l'encre invisible. Prends une branche en guise de crayon. Remplace l'encre ordinaire par du jus de citron. Écris ton message.
Pour pouvoir lire le message, approche le papier d'une lampe allumée. À cause de la chaleur, le jus de citron (et ton message) va brunir et devenir lisible.

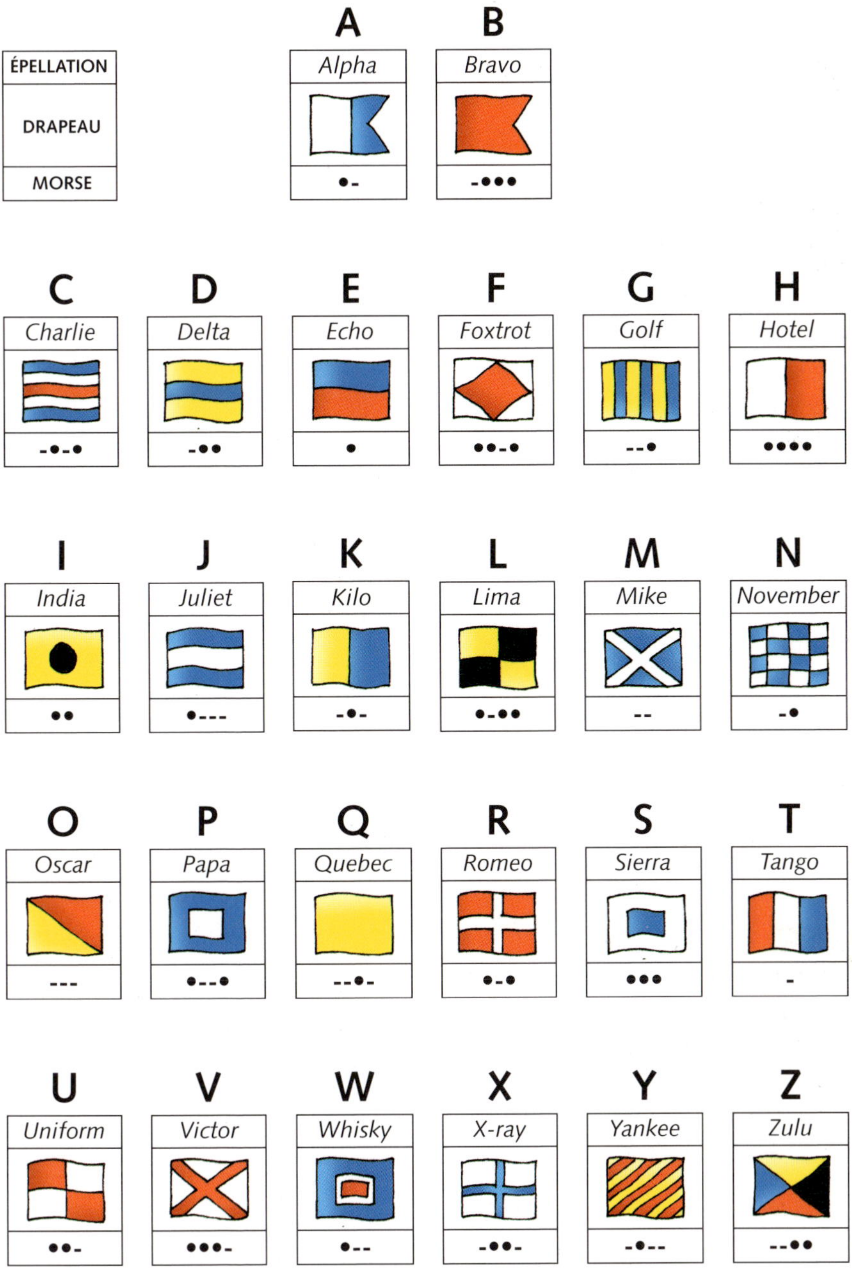
ÉPELLATION
DRAPEAU
MORSE
A
Alpha
•-
B
Bravo
-•••
C
Charlie
-•-•
D
Delta
-••
E
Echo
•
F
Foxtrot
••-•
G
Golf
--•
H
Hotel
••••
I
India
••
J
Juliet
•---
K
Kilo
-•-
L
Lima
•-••
M
Mike
--
N
November
-•
O
Oscar

P
Papa
•--•
Q
Quebec
--•-
R
Romeo
•-•
S
Sierra
•••
T
Tango
-
U
Uniform
••-
V
Victor
•••-
W
Whisky
•--
X
X-ray
-••-
Y
Yankee
-•--
Z
Zulu
--••

Traverser une rivière

Une rivière est par définition un obstacle pas nécessairement infranchissable.

Passer la rivière à gué

Si l'eau de la rivière n'est pas profonde, tu peux passer à gué. Utilise un bâton pour ne pas perdre l'équilibre et pour vérifier la profondeur de l'eau.
Tâte d'abord chaque endroit où tu veux mettre le pied.
L'eau peut dissimuler des trous traîtres.

Fais attention au courant

Le sens du courant se voit grâce au sillon en V qui se crée sur l'eau à l'endroit où une roche empêche l'écoulement de l'eau. L'ouverture la plus large du V se trouve en aval (dans le sens du courant).

Il y a parfois des morceaux de rochers et de grosses pierres qui affleurent. Tu peux parfois travers-er en sautant de rocher en rocher. Attention : ces pierres sont souvent glissantes. Garde tes chaussures.

Un tronc d'arbre

Ici aussi, tu peux t'aider d'un bâton pour conserver ton équilibre. C'est encore mieux si tu tends une corde au-dessus du tronc.

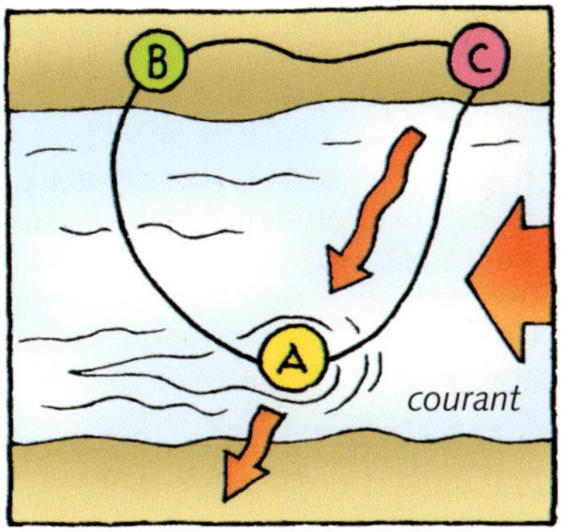

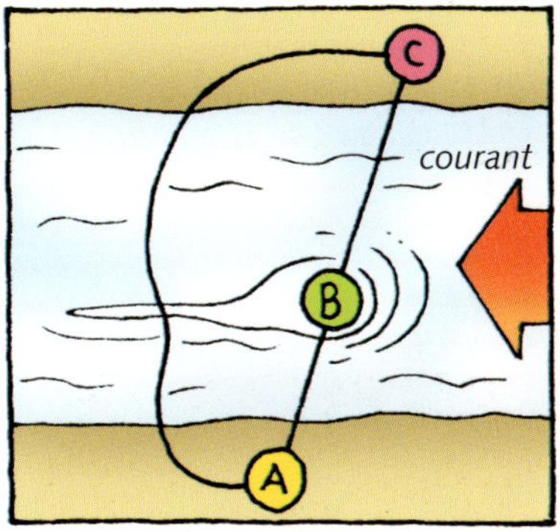

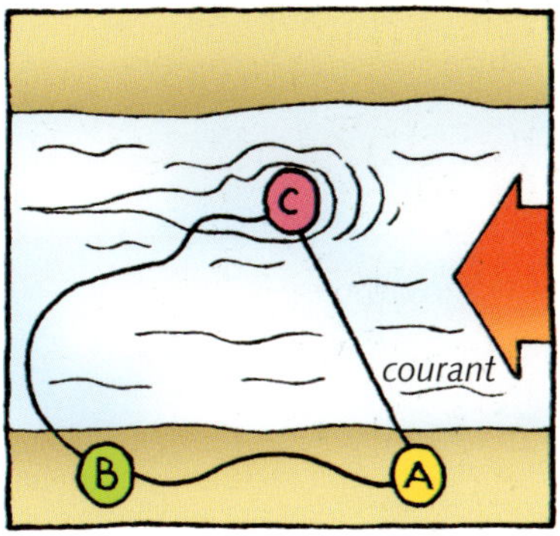

Traverser à l'aide de cordes

Pour cela, il faut être 3 au minimum et posséder une corde d'une longueur équivalente à au moins 3 fois la largeur de la rivière que tu veux traverser.

1. A traverse. La corde est liée autour de sa poitrine. Si le courant l'entraîne, les autres peuvent le récupérer.
2. Arrivé de l'autre côté, A défait la corde et B s'attache. C'est maintenant au tour de B de traverser en toute sécurité.
3. Quand B est arrivé de l'autre côté, C s'attache et commence la traversée.

Attention

L'eau glacée est mortelle. En hiver, il vaut mieux chercher un vrai pont.

Tu as perdu le nord (1)

Celui qui fait de grandes promenades doit pouvoir s'orienter. Ce qui est nettement plus facile quand on trouve le nord.

Le chemin à suivre

Sans boussole, tu peux trouver dans la nature des choses qui t'indiquent une direction précise. Comme :

- la mousse située sur le côté sud-ouest d'un tronc est beaucoup plus dense ;

- les cercles indiquant le nombre d'années sont plus larges du côté pluie (côté sud-ouest) ;

- un tronc a des nervures plus visibles du côté sud ;

- une toile d'araignée se trouve en général du côté sud de la branche.

La boussole sous la loupe

Une boussole est composée de 2 parties : 1 aiguille magnétique et 1 rose des vents qui indique les points cardinaux : le nord, le sud, l'est et l'ouest.
La rose des vents est divisée en 360°, tout comme un cercle. L'aiguille indique le nord magnétique et ce point cardinal se retrouve sur toutes les cartes.

La plante boussole

En Amérique du Nord, il existe une plante dont les feuilles se trouvent toujours dans l'axe nord-sud. Pratique, pas vrai ?

Attention : Ne mets jamais une boussole près d'un objet métallique. Sinon, même la boussole perd le nord !

Un viseur pour boussole

Avec une boussole, tu peux déterminer la direction dans laquelle tu vas. Un viseur peut t'être très utile.

1. Prends une planche de 40 cm de long. Trace une ligne de repère et enfonce de part et d'autre un petit clou. Colle le viseur sur la moitié et fixe un morceau de Velcro sur la face inférieure de la boussole.

2. Fixe la boussole sur le viseur. La direction choisie doit correspondre à la ligne de repère.

Une boussole à eau

Ce qu'il te faut :
- 1 aimant ;
- 1 grande aiguille à coudre ;
- 1 bouchon en liège ;
- de l'eau.

1. Rends l'aiguille magnétique en passant une vingtaine de fois un pôle de l'aimant sur l'aiguille, en allant toujours dans la même direction, du chas de l'aiguille vers la pointe.

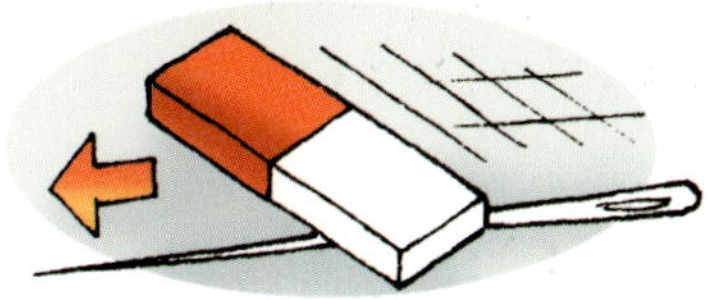

2. Découpe 1 rondelle de 1 cm d'épaisseur dans un bouchon. Passe l'aiguille à travers le côté du bouchon ou colle-la dessus.

3. Laisse flotter le bouchon dans l'eau. L'aiguille va se tourner vers le nord.

Tu as perdu le nord (2)

Voici encore d'autres façons de t'orienter.

Ta montre sert de boussole

Si tu as une montre avec des aiguilles, il est facile de trouver le sud.

1. Règle d'abord ta montre sur l'heure d'été : il faut retarder de 2 heures en été, et de 1 heure en hiver.
2. Tiens ta montre à l'horizontale et fais en sorte que la petite aiguille pointe dans la direction du soleil.
3. Le sud se trouve précisément au milieu de la distance entre le chiffre 12 et la pointe de la petite aiguille.

Et le nord ? En face, évidemment !

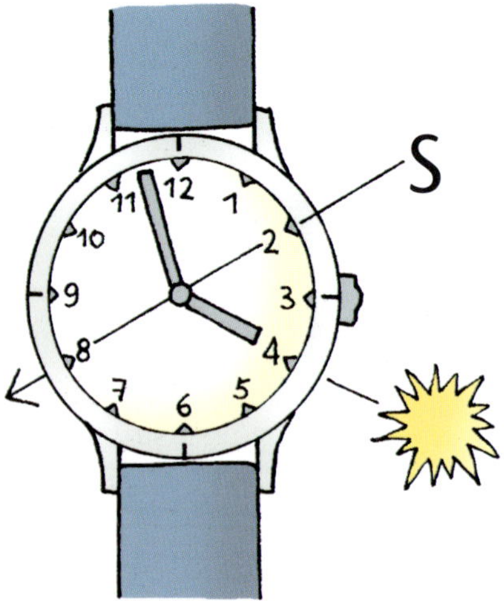

L'ombre qui sert de boussole

Les ombres peuvent t'aider à indiquer la direction.

1. Enfonce un bâton dans le sol, sur une surface bien plane. Regarde où l'ombre se trouve et dépose une pierre à l'extrémité.
2. Attends pendant au moins 15 minutes et marque à nouveau l'extrémité de l'ombre.
3. Les lignes entre les 2 pierres va d'ouest (première pierre) en est (deuxième pierre). La ligne nord-sud est perpendiculaire à cette ligne.

La nuit : l'étoile Polaire

Les étoiles gardent la même position les unes par rapport aux autres et parcourent chaque nuit le même chemin. Tout comme le soleil, elles se lèvent à l'est, décrivent une grande courbe dans le ciel pour redescendre à l'ouest. Dans l'hémisphère nord, certaines constellations restent visibles toute la nuit. Elles tournent autour de la seule étoile qui ne semble pas bouger : l'étoile Polaire.
Ce point fixe du ciel est un élément important pour s'orienter, parce qu'il se trouve à peu près au-dessus du pôle Nord.

Trouver l'étoile Polaire

À partir de la constellation de **la Grande Ourse** (qui ressemble à un manche de poêlon), prolonge le côté latéral de la « poêle » de 4 fois sa distance et tu atteindras l'étoile Polaire. À partir de la constellation d'**Orion**, trace une ligne imaginaire entre la petite étoile à la tête d'Orion et l'étoile à sa jambe. Dans son prolongement se trouve l'étoile Polaire.

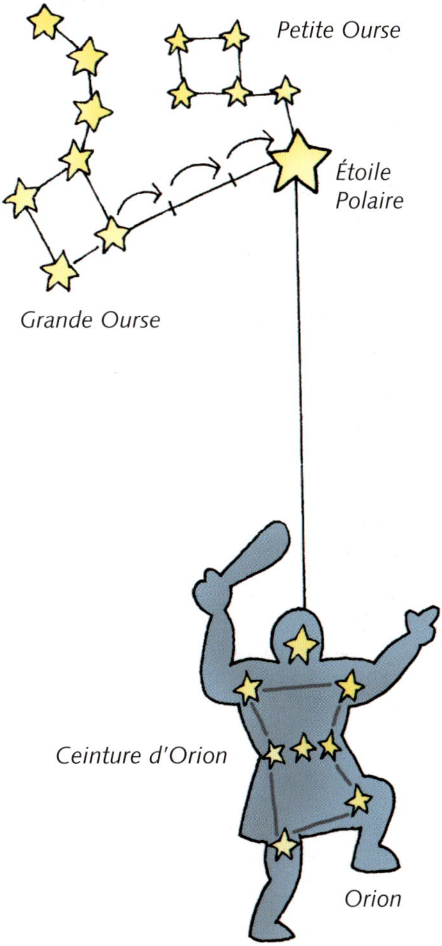

La Croix du Sud

Il n'est pas possible de voir l'étoile Polaire dans l'hémisphère sud. Pour trouver le sud, on se base sur la Croix du Sud, un groupe de 5 étoiles.

Tonnerre et éclairs

Un orage n'est pas sans danger. Heureusement, il existe des moyens pour se protéger !

Une étincelle électrique

L'éclair suit généralement le plus court chemin possible entre un nuage et la terre. En conséquence : plus un objet ressort de son environnement, plus il risque d'être touché. L'éclair suit aussi les objets qui sont bons conducteurs d'électricité, par exemple des gouttières et des clôtures métalliques. Ne les touche donc pas.

Quelques chiffres

La vitesse de la lumière est de 300 000 km par seconde.
La vitesse du son est de 350 m par seconde.
La température d'un éclair peut atteindre 15 000 °C et même davantage.

La trouvaille de Benjamin Franklin

En 1752, pendant un orage, Benjamin Franklin fit monter un cerf-volant en soie dans le ciel. Il vit des étincelles passer de la clé, qui pendait à la corde, vers sa main.
Il survécut à l'expérience, qui lui permit d'inventer le paratonnerre.
Un conseil : ne laisse pas un cerf-volant voler pendant un orage.

Distance de l'orage

Compte le nombre de secondes qui séparent l'éclair et le tonnerre. Divise ce nombre par 3 et tu sauras à combien de kilomètres l'orage se trouve par rapport à toi.

Précaution à prendre pendant un orage

Essaie de trouver un refuge. Une grange fera l'affaire.

Pas de refuge dans les environs ? Couche-toi sur le ventre, dans un fossé, sur un tas de vêtements ou sur un sac de couchage.

Reste à l'écart des arbres hauts, des rochers proéminents, des piquets de tente et des objets en fer.

Ne pars pas faire du bateau.
Si tu es en vélo, continue à pédaler et éloigne-toi rapidement.
Les pneus en caoutchouc de ton vélo te protègent des éclairs.

En voiture aussi, tu n'as rien à craindre.

À la maison, ferme les portes et les fenêtres.

N'utilise pas d'appareils électriques et attends pour téléphoner.

Foudroyé

Aux États-Unis, un garde forestier a déjà été frappé 7 fois par la foudre. Il a survécu à chaque fois, mais ses cheveux ont pris feu 2 fois, il a perdu l'ongle d'un orteil ainsi que ses sourcils.

Premiers secours

Voici un mini-cours des premiers soins à donner en cas d'accident.

Saignement de nez

Assieds-toi en te penchant légèrement vers l'avant. Appuie fortement sur ton nez pendant environ 10 minutes en respirant par la bouche. Le saignement va s'arrêter. La glace peut aussi t'aider. Glisse 2 glaçons dans un sac en plastique et presse-les contre tes narines.

Coupures

Si la coupure est profonde, il faut aller chez un médecin. Il te fera une piqûre contre le tétanos et recoudra éventuellement la plaie. Une coupure superficielle doit être désinfectée et nettoyée avec du savon et ensuite recouverte de gaze stérile ou d'un sparadrap. Fais attention qu'il n'y ait pas de saleté dans la plaie.

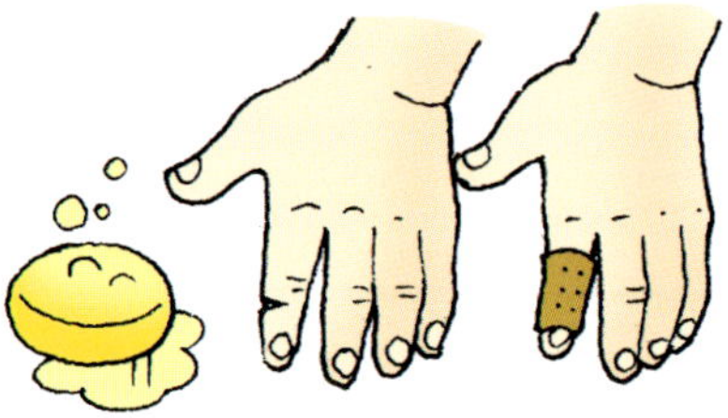

Brûlure

Passe l'endroit brûlé pendant au moins 20 minutes sous l'eau froide.
Si la brûlure est grave, il faut aller chez le médecin. Si la brûlure est légère, pose une rondelle de pomme de terre crue dessus.
Cela diminuera la douleur et ralentira l'apparition et la formation de cloques.

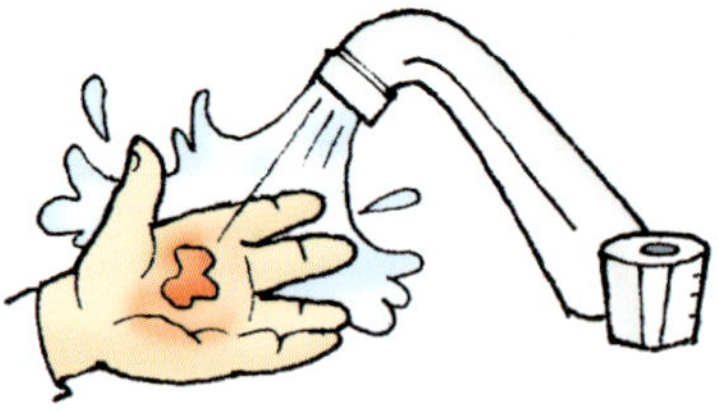

Cloques

Surtout ne les perce pas ! Si elles s'ouvrent toutes seules, recouvre-les d'un sparadrap.

Écharde

Désinfecte une pince à épiler, retire l'écharde et désinfecte ensuite la petite plaie.

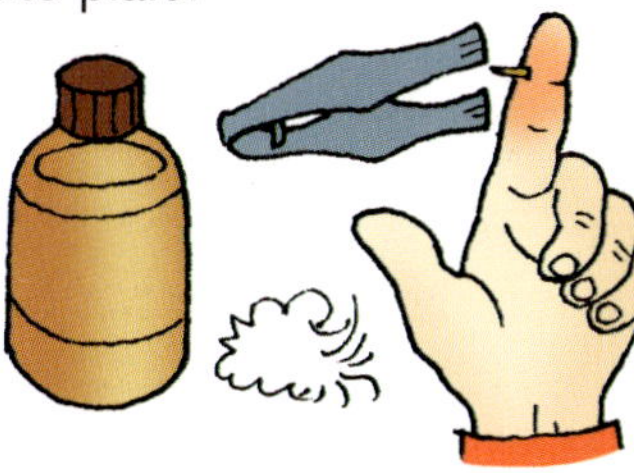

Cassé ou foulé

Si après une chute, tu as très mal au bras ou à la jambe, consulte un médecin. Tu as probablement quelque chose de cassé ou de froissé. Tu as mal ? Alors fais-toi porter !

Une chaise avec 4 mains.

Une chaise avec un dossier et un siège.

Trousse de premiers secours

Voici ce qui doit nécessairement s'y trouver :
- une paire de petits ciseaux ;
- un désinfectant ;
- de la pommade contre les piqûres d'insectes ;
- un anti-douleur ;
- du sparadrap ou de la gaze.

Mettre un bandage

Si tu n'as pas d'épingle de sûreté, entaille le bandage sur une quinzaine de centimètres. Tu obtiens 2 extrémités que tu peux nouer.

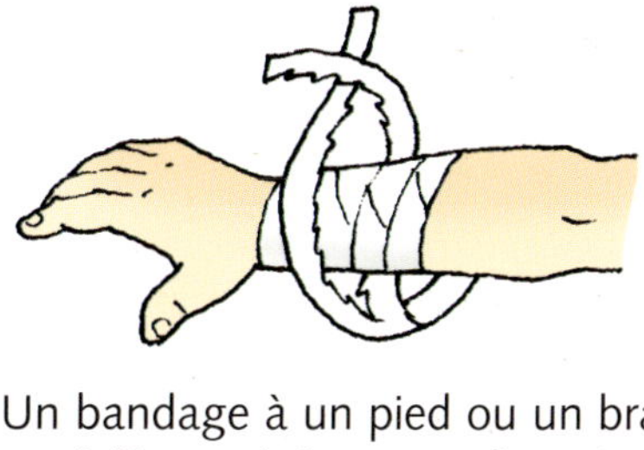

Un bandage à un pied ou un bras peut être maintenu en glissant dessus une vieille chaussette dont on a coupé les orteils. C'est également une bonne protection.

Ça pique et ça mord

Des grands animaux avec des dents pointues, des petits animaux qui sucent le sang ou qui piquent… Comment se protéger efficacement ?

Des morsures de serpent

Il n'y a pas beaucoup de sortes de serpents dans nos régions.
Le seul serpent dont la morsure est venimeuse est la vipère. Si tu es mordu par une vipère, désinfecte la plaie et va le plus vite possible chez un médecin.
Ne suce en aucun cas la morsure et ne l'entaille pas non plus.

On reconnaît une vipère à la ligne en zigzag et au dessin en forme de V sur sa tête.
La vipère est très peureuse et s'enfuit dès qu'on l'approche.
Elle ne mord que lorsqu'elle se sent en danger. N'essaie donc jamais d'attraper une vipère.

Des mammifères qui mordent

Les mammifères peuvent transmettre des maladies très dangereuses par leurs morsures.
Les renards et les chiens peuvent transmettre la rage.
Après avoir été mordu par un chien, il vaut mieux aller chez le médecin.

Si un chien t'attaque…

… ne t'enfuis surtout pas, car sinon le chien va te poursuivre.
… reste calme et essaie de ne pas montrer que tu as peur.
… ne le regarde jamais droit dans les yeux.
… parle-lui d'une voix ferme et décidée. Essaie de voir s'il obéit à des ordres du genre « assis », « couché » ou « va-t'en ».

Les démangeaisons d'ortie

Les démangeaisons sont atténuées lorsqu'on les frotte avec des feuilles de plantain que l'on a écrasées.

Guêpes et abeilles

Les guêpes et abeilles ne piquent que lorsqu'elles se sentent menacées. Reste donc bien calme.

Si malgré tout tu es piqué, enduis l'endroit douloureux d'ail, de vinaigre ou de jus de citron. Si le dard est encore dans la plaie, retire-le à l'aide d'une pincette. Si tu as été piqué dans la gorge ou dans la bouche, il faut aller immédiatement chez le médecin, car cela peut entraver ta respiration.

Comment te protéger contre les insectes ?

Enduis-toi d'une pommade spéciale vendue en pharmacie. Elle éloigne les insectes.

Pour éloigner les moustiques, frotte-toi de feuilles de menthe ou de jus de citron.

Si tu veux éloigner les mouches la nuit, place une assiette avec des rondelles d'oignon près de ton lit.

Tiens ta chambre ou ta tente bien fermée, surtout le soir quand la lumière est allumée, ou tends de la gaze devant l'entrée.

un vieux rideau et des pinces à linge

Au secours !

Les conseils suivants sont importants pour éviter les situations dangereuses.

Au secours, je me noie !

Reste calme. Ne commence surtout pas à battre frénétiquement des pieds et des jambes. Essaie de flotter jusqu'à ce que quelqu'un vienne et appelle les secours.

Mais...

Tu ne risques pas de te noyer si tu prends les précautions suivantes :

- Ne nage jamais dans une eau que tu ne connais pas.
- Dans la mer, ne nage qu'à des endroits sous surveillance.
- Ne va jamais nager quand la mer se retire, à marée basse.
- Sors immédiatement de l'eau si tu te sens fatigué ou si tu as froid.

Je me suis perdu !

À la page 88, tu sauras comment retrouver le nord.

Mais...

Tu ne risques pas de te perdre si tu fais comme le Petit Poucet : marque le chemin que tu parcours avec des signes qui te parlent.

Des pierres entassées (je suis déjà passé par ici).

Une flèche dessinée sur le sol (c'est dans cette direction que j'allais).

Une croix en branchages (je ne peux pas prendre ce chemin pour revenir).

Attention : *Ne fais pas d'entaille dans un tronc d'arbre. Si l'écorce est abîmée, l'arbre perd sa protection contre les maladies.*

À l'aide ! au feu !

Si c'est un **petit incendie**, essaie de l'éteindre :

- Avec de l'eau (excepté si c'est un appareil électrique qui brûle).
- Avec du sable ou des draps. Ou, si nécessaire, en piétinant le feu.

Si **l'incendie est étendu**, appelle immédiatement les pompiers.

Si tes **vêtements** sont en train de brûler, roule-toi sur le sol, dans un mouvement de va-et-vient.

Mais…

C'est encore mieux de ne pas provoquer un incendie. Dans ce livre, à chaque chapitre où on parle d'un feu, tu trouves des conseils importants. Lis-les attentivement et retiens-les.

Je suis en danger !

Tout le monde connaît le signal international de détresse S.O.S. Tu peux écrire ces 3 lettres ou les communiquer par signes (voir à la page 85).

Les avions et les bateaux emploient souvent le signal MAYDAY. Cela vient du mot français « m'aider », venez m'aider.

Mais tout signal qui est répété trois fois est considéré comme un signal de détresse : 3 feux, 3 colonnes de fumée, 3 coups de sifflet…

Savoir réparer

Si tu te trouves loin de chez toi, tu dois pouvoir réparer quelque chose de cassé.

Indispensables : les épingles de sûreté

Tâche d'en avoir toujours quelques-unes sur toi. Un bouton qui manque, une fermeture Éclair qui casse, un élastique qui rend l'âme… Une épingle de sûreté et le tour est joué !

Oh ! Un trou…

Avec du tissu, tu peux réparer un trou dans tes vêtements. Le morceau de tissu doit être plus grand que le trou. Retourne les bords et couds la pièce.

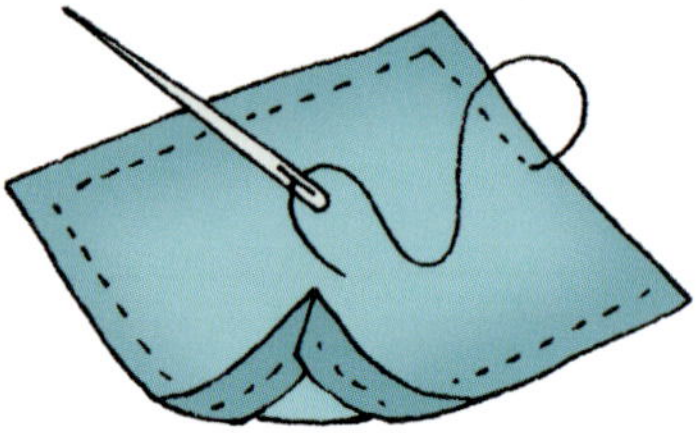

Un matelas pneumatique troué

Prends ton nécessaire de réparation pour vélo et procède comme pour un pneu (points 3 et 4).

Un piquet de tente cassé

Cherche un bâton qui peut servir d'attelle et fixe-le avec de la corde au piquet de la tente.

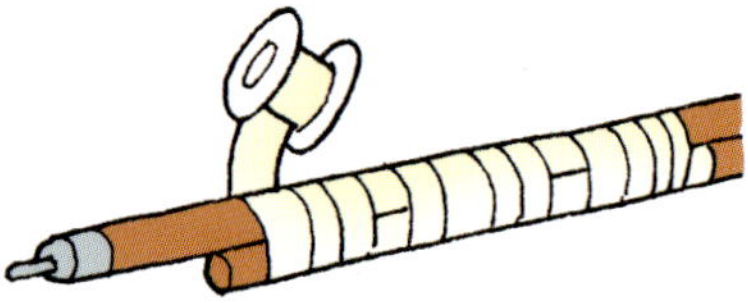

Rendre étanche du plastique troué

Tu peux essayer de réparer un petit trou dans une boîte ou une balle en plastique en chauffant légèrement le plastique. Chauffe un piquet de tente ou un autre morceau de métal. Utilise-le pour faire fondre le plastique.

1.

2.

3.

4.

5.

6.

7.
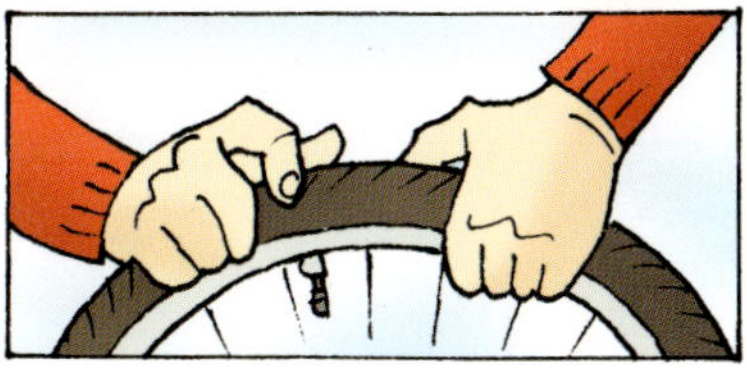

Un pneu crevé

1. Démonte la roue. Tu peux aussi réparer en laissant la roue sur le vélo, mais tu risques d'abîmer la chambre à air intérieure.

2. Soulève doucement la partie externe du pneu à l'aide d'un démonte-pneu.

3. Retire la chambre à air, gonfle-la et plonge-la dans l'eau. Des bulles d'air remontent là où le pneu est crevé.

4. Sèche le pneu et frotte l'endroit où il y a le trou. Recouvre-le d'une fine couche de colle, laisse sécher et couvre le trou avec une rustine.

5. Contrôle avec tes doigts les côtés extérieurs et intérieurs pour vérifier s'il n'y a pas de morceau de verre ou de petit caillou qui s'y trouve. Si c'est le cas, retire-le.

6. Remets la chambre à air à nouveau à sa place.

7. Remets le pneu extérieur dans la jante.

8. Gonfle le pneu comme il faut et fixe-le au vélo.

Vite fait

Le sac à dos minute

Un vieux jean se transforme en un clin d'œil en sac à dos.

Ce qu'il te faut :
- 1 vieux jean ;
- 1 corde ;
- 2 rubans très solides (6 cm de large et 1,5 m de long).

1. Passe le ruban dans les passants de ton jean.

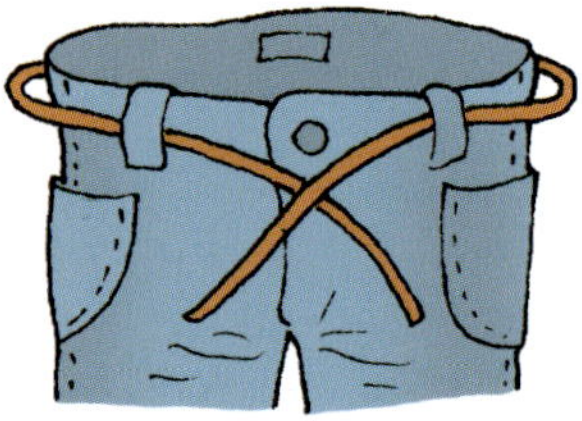

2. Ferme solidement les jambes avec le ruban.

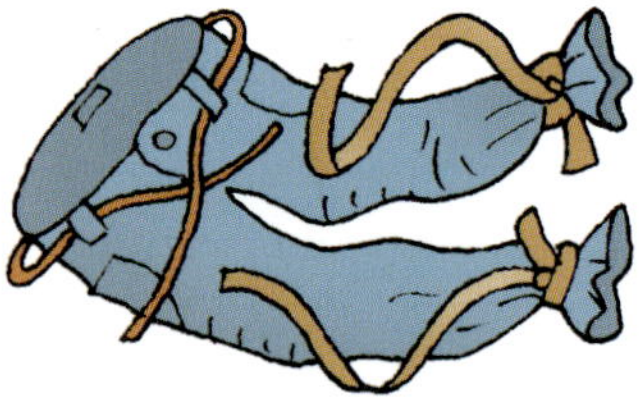

3. Noue l'autre extrémité du ruban aux passants se trouvant sur l'arrière du jean. Attention : essaie une première fois pour évaluer la longueur des bandes qui se placent sur les épaules.

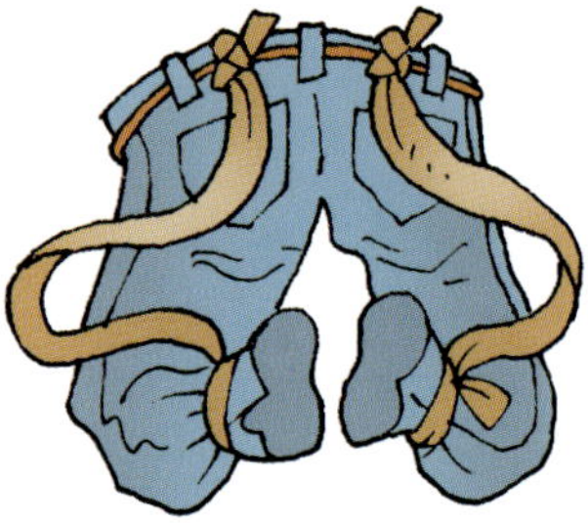

4. Remplis le sac et ficelle-le.

Truc

Donne une touche personnelle à ton sac : décore-le avec des motifs que tu dessines dessus, marque ton prénom dessus, accroche des boutons ou des pin's.

La tente minute

Un vieux drap et une corde suffisent pour réaliser une tente.

1 corde et 1 grand drap suffisent…

- pour te protéger du soleil ;
- pour te sentir à l'aise ;
- pour avoir un toit au-dessus de ta tête.

Aide-toi d'un caillou

Si tu fixes la corde ainsi, le drap ne sera pas abîmé.

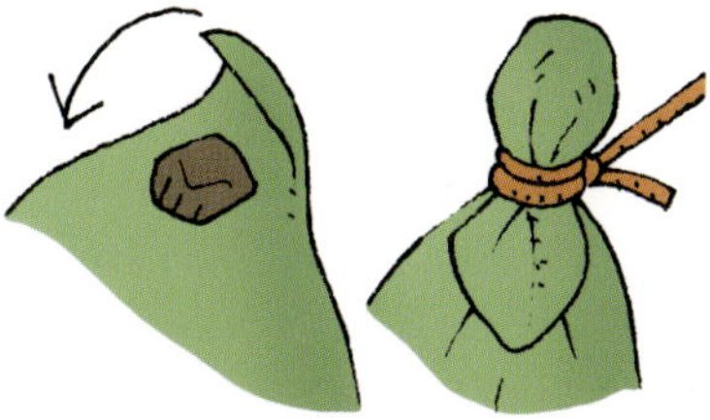

À la mode indienne

Tu auras besoin, en plus de 1 drap et de 2 cordes, d'un certain nombre de bâtons très solides.

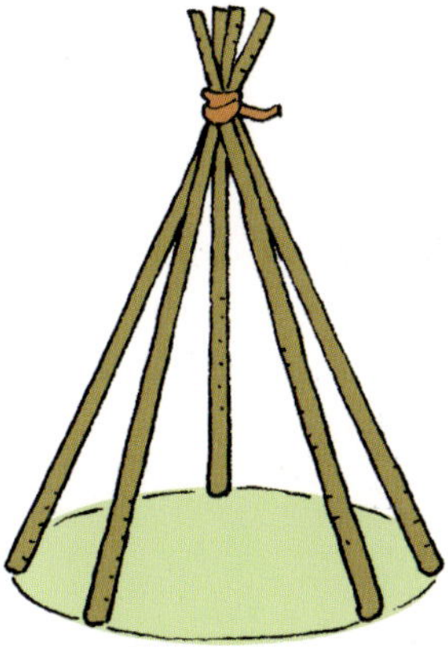

Fixe solidement les bâtons (au moins 3) au sommet.

Enveloppe-les de ton drap.

La ceinture de l'explorateur

En expédition, tu aimes avoir les mains libres.
Une ceinture que tu réalises toi-même est la solution idéale.

Ce qu'il te faut :
- 1 ceinture solide ;
- des morceaux de tissu qui ne s'effiloche pas ;
- un nécessaire de couture.

1. Plie un morceau de tissu en deux, en gardant 10 cm pour le rebord. Couds sur le pointillé.

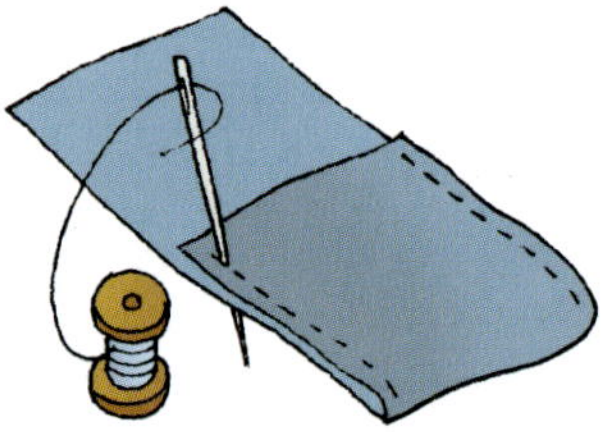

2. Retourne environ 5 cm de tissu et couds le long du pointillé.

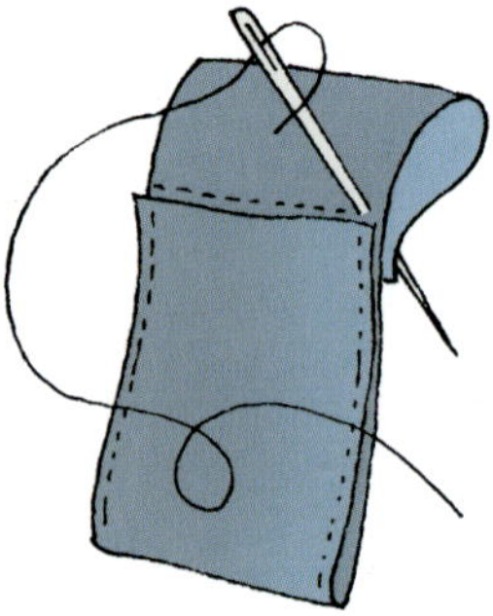

3. Enfile le petit sac sur la ceinture.

4. Réalise plusieurs sacs de tailles différentes et enfile-les tous sur la ceinture.

Truc
Si tu comptes porter ta ceinture par tous les temps, fabrique-toi des petits sacs en plastique.

Le poncho du randonneur

Tu as une vieille couverture en trop ? Un coup de ciseaux et voici un poncho multi-usages !

Un T pour la tête

Découpe un T au milieu de la couverture. L'ouverture doit être suffisamment grande pour pouvoir passer la tête. Achève les bords en cousant un ruban dessus et solidifie les 3 coins avec du cuir.

Pour porter

Pour s'asseoir

Pour se couvrir

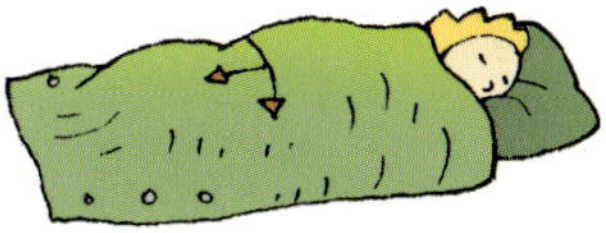

Des pressions et un lacet

Enfonce 3 ou 4 rivets sur la partie la plus longue du T et fais passer un lacet dans les trous.
Couds quelques boutons-pression sur les longs côtés du poncho.

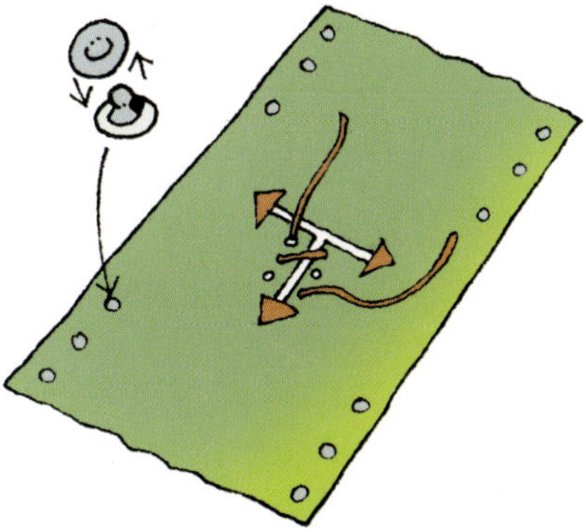

Pour s'abriter

Pour observer sans être vu

Le drap de lit-sac de couchage

Si tu veux garder ton sac de couchage propre et net, confectionne-toi un sac dans un drap de lit. Demande l'aide d'un adulte.

Ce qu'il te faut :
- 1 drap de lit pour une personne ;
- 1 mètre de ruban solide ;
- 1 machine à coudre.

1. Plie le drap double et découpe un côté sur environ 30 cm.

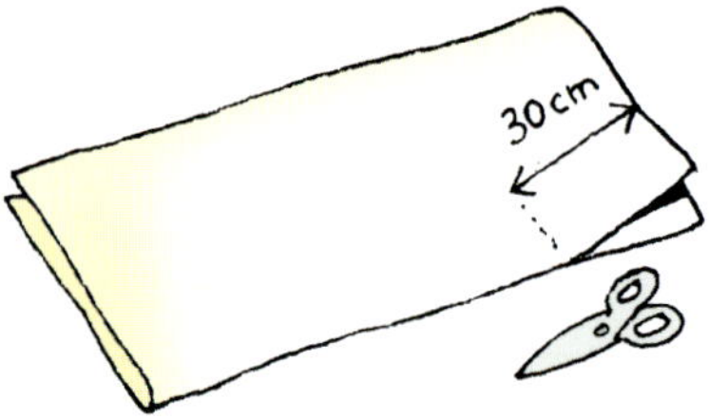

2. Couds 2 coutures pour obtenir un sac (suis bien les pointillés).

3. Fais 2 fois un ourlet à l'endroit où tu as découpé le drap.

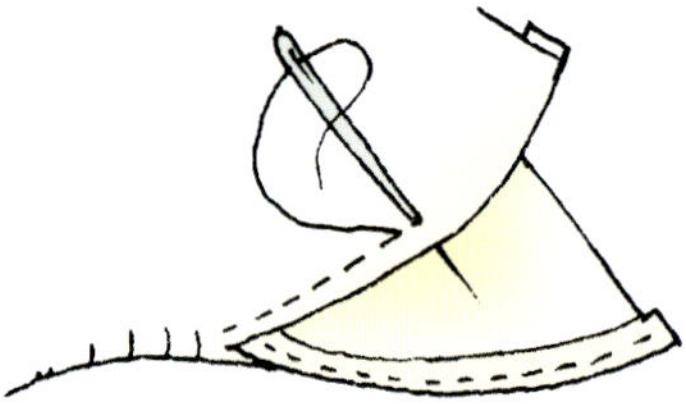

4. Coupe le ruban en 4 morceaux. Couds sur l'envers du drap, aux 4 coins, un morceau de ruban. Ainsi tu peux refermer le sac de couchage et il ne va pas remonter et serpenter le long de tes jambes.

5. Retourne le premier rabat. Merveilleux : ton sac de couchage ressemble à un lit.

Le sac-siège

Très pratique ! Tu retournes le sac et il se transforme en une couverture.

Ce qu'il te faut :
- 1 vieille couverture ;
- 1 corde ;
- 1 appareil te permettant de faire des trous dans du tissu.

1. Découpe un grand cercle dans la couverture. Le cercle doit avoir au moins 130 cm de diamètre.

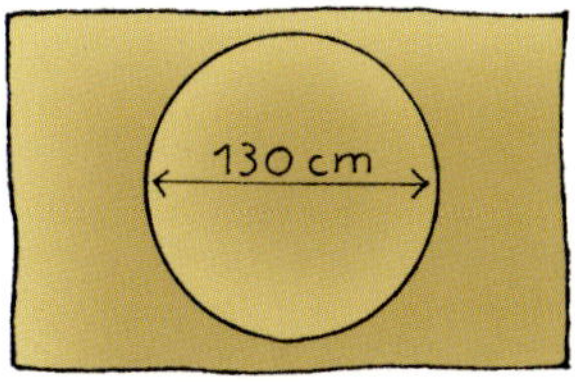

2. Fais des petits trous tout autour. Emploie le petit appareil qui permet de consolider les trous avec un anneau de cuivre.

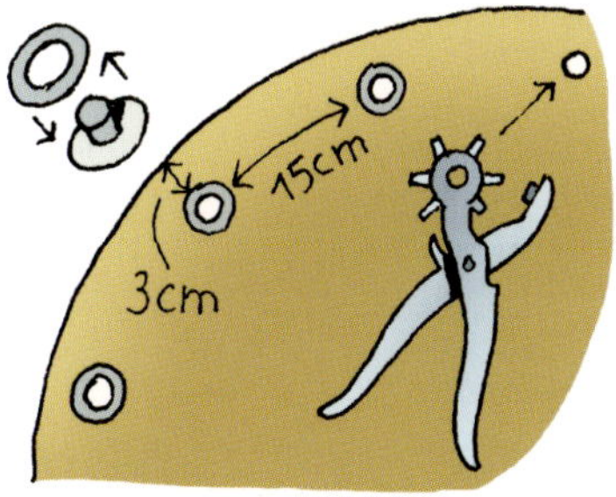

3. Passe une corde par les petits trous et fixe solidement les extrémités avec un nœud. La corde doit être plus longue que la circonférence du cercle.

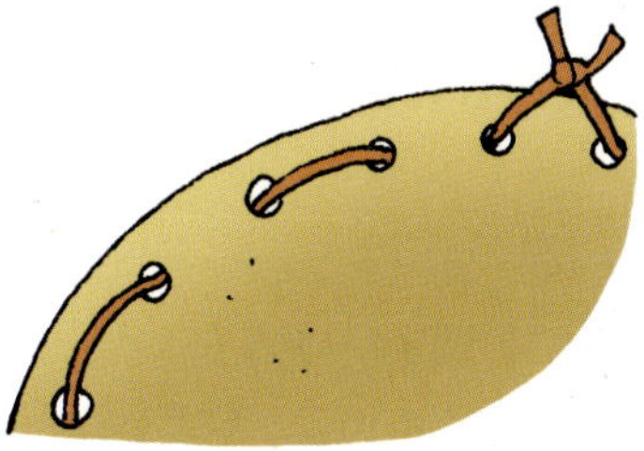

Pour s'asseoir dessus…

Pour porter toutes tes affaires…

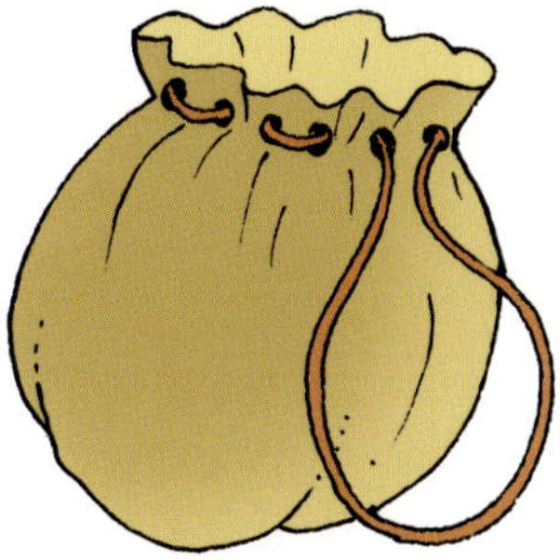

Le radeau

Pourquoi ne pas essayer de réaliser un radeau en caoutchouc ?

Ce qu'il te faut :
- 2 grandes chambres à air ;
- 1 plaque de multiplex ;
- 1 ficelle.

1. Place les chambres à air gonflées sur la plaque et dessine le contour.

2. Scie la plaque à la bonne taille et fais quelques trous dedans (voir dessin).

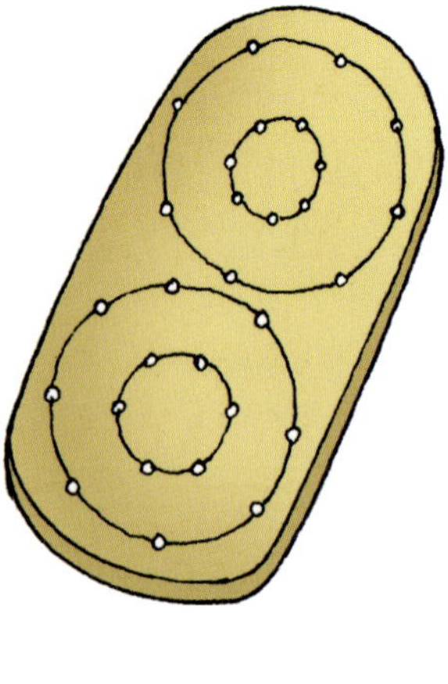

3. Fixe les chambres à air sur la plaque.

4. Mets ton radeau à l'eau et… n'oublie pas de prendre des rames.

Attention : *N'utilise pas ton radeau à marée basse. Le reflux de la mer pourrait t'emporter ! Comptes-tu atteindre les côtes anglaises ? Chiche !*

Le bateau

De la taille de la planche choisie dépend le nombre de participants.

Ce qu'il te faut :
- au moins 3 chambres à air ;
- 1 longue planche solide ;
- de la corde.

1. Frotte la planche pour qu'elle soit bien lisse et élimine les aspérités.

2. Fais dépasser les chambres à air de la planche et indique avec une croix l'endroit des trous.

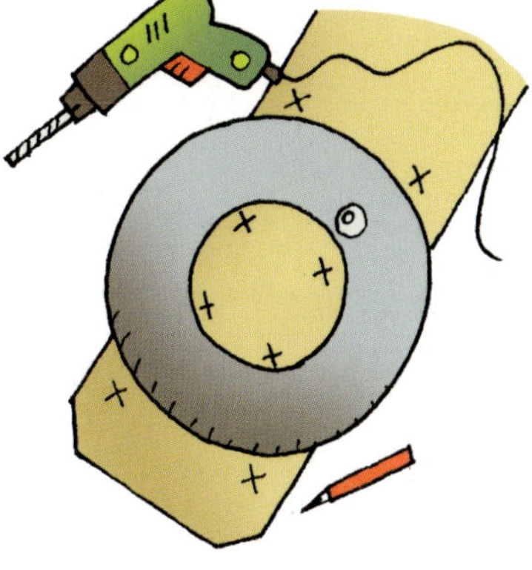

3. Perce les trous et fixe les chambres à air sur la planche.

4. Bon voyage !

Tu ne sais pas nager ?
N'oublie pas ton gilet de sauvetage, peu importe le type de promenade en bateau que tu entreprends (en mer, sur un lac etc.).

Balançoires

Aussi bien à la maison qu'au camp, il est très facile de fabriquer une balançoire.

Le pneu-balançoire

Ce qu'il te faut :
- 1 pneu de voiture ;
- 1 corde solide ;
- 1 échelle ;
- 1 branche d'arbre solide.

1. Cherche un pneu de voiture pas trop dur. S'il est usagé, c'est encore mieux. Lave-le soigneusement à l'aide de savon et d'une bonne brosse.

Demande à un adulte de t'aider à trouver une branche d'arbre assez solide pour pouvoir y fixer ta balançoire.

2. Fixe la corde à la balançoire en faisant un nœud solide.

3. Fixe l'autre moitié de la corde à une branche. Solidement bien sûr ! Le pneu doit être suspendu à environ 50 cm au-dessus du sol.

Pour réaliser des nœuds solides, regarde à la page 58.

4. Tu peux te balancer de différentes manières, seul ou à 2.

La planche de balançoire

Pour cela, il te faut 1 planche solide et 1 longue corde (environ 30 x 50 cm).

1. Demande à un adulte de percer 2 trous dans la planche.

2. Passe la corde à travers ces trous et suspends la planche à la branche d'arbre.

Mesurer le temps

Tu peux fabriquer toi-même des appareils à mesurer le temps.

Un cadran solaire

Ce qu'il te faut :
- 1 planche de 20 x 40 cm ;
- 2 morceaux de carton de 17 x 15 cm ;
- 1 compas ;
- 1 boussole.

1. Dessine un demi-cercle.

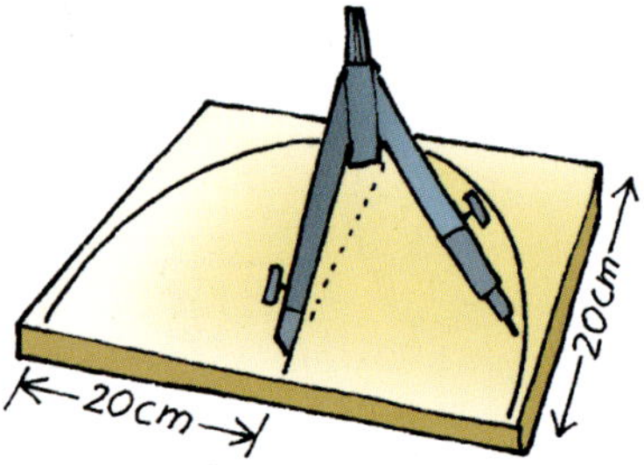

2. Découpe dans le carton 2 triangles. Regarde bien le dessin.

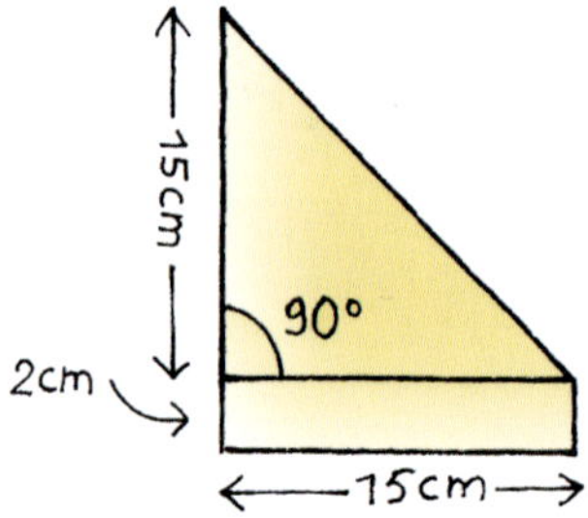

3. Replie le bord de chaque triangle et colle les 2 triangles ensemble. Colle ensuite fermement les 2 bords repliés sur la planche.
4. Dépose le cadran solaire à l'extérieur sur une surface plane. Le triangle doit indiquer la direction nord-sud.
5. Indique à chaque heure à quel endroit du demi-cercle se trouve l'ombre.

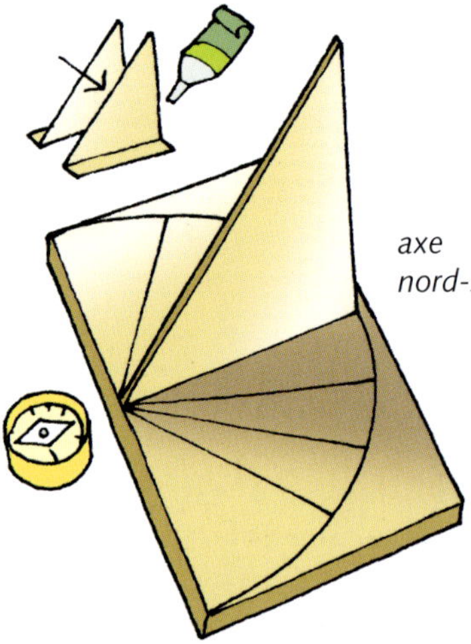

Truc : Si tu veux pouvoir mettre ton cadran solaire aussi à l'extérieur, remplace le carton par du bois, que tu peux recouvrir de vernis ou de peinture.

En imitant les Égyptiens

Il y a très longtemps, horloges et montres n'existaient pas. Mais le cadran solaire existait déjà. Ce sont les Égyptiens qui l'ont inventé. C'est un bâton enfoncé dans la terre et dont l'ombre se projette sur un disque. Sur ce disque étaient dessinées des lignes représentant les heures. Ce cadran ne pouvait fonctionner que lorsqu'il y avait du soleil.

L'horloge à eau

Ce qu'il te faut :

- 2 boîtes vides ou 2 pots de yaourt vides ;
- 1 latte en bois ;
- 1 clou fin ;
- 1 marqueur indélébile ;
- du papier adhésif solide.

1. Perce un petit trou dans le fond du récipient. Dessine à l'intérieur de l'autre récipient une échelle graduée.

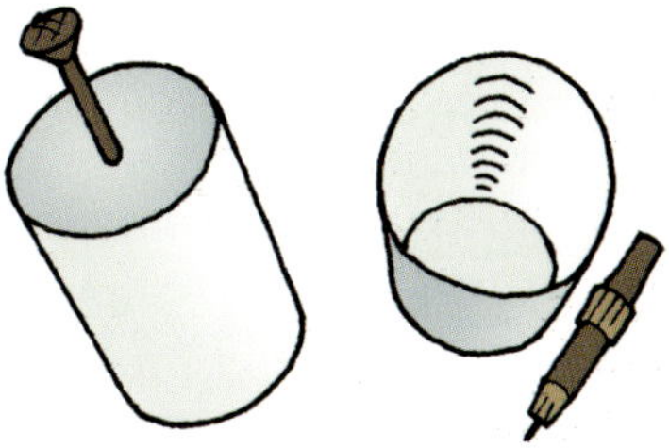

2. Colle les boîtes avec du papier adhésif solide contre la latte.
3. Remplis la boîte supérieure avec de l'eau (ferme le trou avec ton doigt !).
4. Retire ton doigt et note combien de temps il faut pour que l'eau passe par chacune des graduations de la boîte intérieure.

À la page 70, tu peux lire comment réaliser un sablier.

D'autres choses pratiques

Ces petits objets très pratiques te seront utiles dans bien des situations.

Une pelle à eau

Tu veux puiser de l'eau dans la rivière pour te laver ? Il y a un trou dans le fond du bateau et tes pieds sont dans 10 cm d'eau ? Fabrique vite cette pelle en plastique.

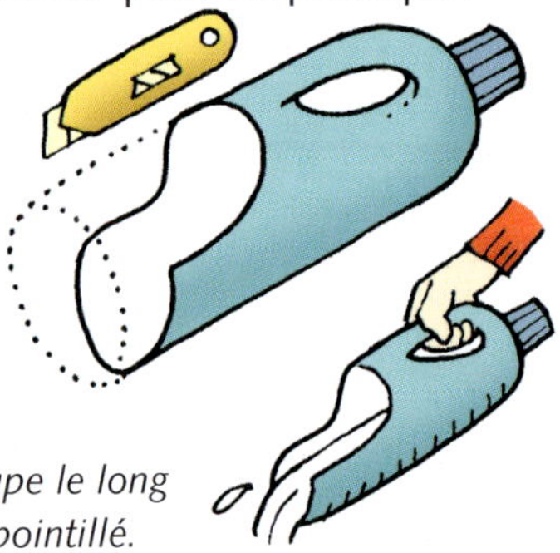

Coupe le long du pointillé.

Un seau en plastique

Si tu dois transporter de l'eau, ce sac en plastique t'aidera. Vérifie qu'il n'est pas troué !

Un imperméable

Tu n'as pas envie de t'encombrer d'un imperméable, mais tu crains qu'il ne se mette à pleuvoir. Emporte un grand sac en plastique.

Fais une ouverture en détachant le fond du sac.

Attention ! *Ce petit trou est très important, car il permet aussi de respirer.*

Des lunettes pour la neige

La neige peut aveugler, surtout si le soleil brille. Il est donc nécessaire de pouvoir se protéger les yeux. Tu peux réaliser ces lunettes à l'aide d'un morceau d'écorce de bouleau et d'un élastique.

1. Tiens un papier devant les yeux pour dessiner le modèle des lunettes.
2. Reproduis maintenant le modèle sur l'écorce de bouleau (d'un bouleau tombé !) et découpe le modèle.
3. Découpe 2 fentes et 2 trous pour passer l'élastique.

Une flûte avec un brin d'herbe

Tu veux attirer l'attention de quelqu'un, mais sans crier ni troubler le repos des autres ? Fais comme les chasseurs qui essaient d'attirer le gibier.

1. Prends 2 bâtons de crème glacée. Ils doivent être très propres et très secs.
2. Place entre les 2 bâtons 1 longue herbe sèche.
3. Fixe une des extrémités avec 1 élastique.

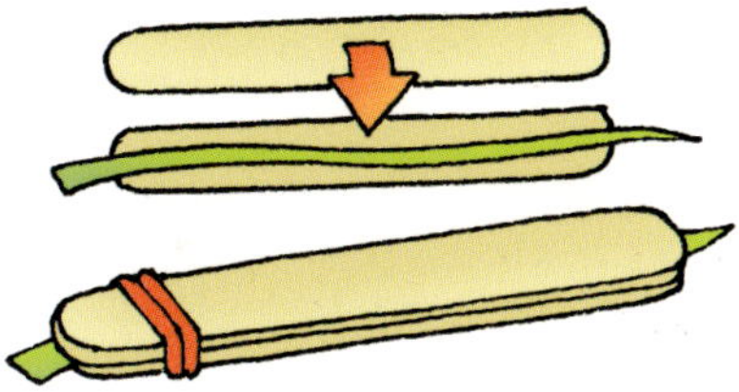

4. Pince l'extrémité ouverte avec les doigts et souffle dedans comme dans un harmonica.

De retour à la maison

Le journal de bord

Note tes souvenirs dans un journal de bord.

Le vrai journal de bord

Ce n'est que si tu notes chaque jour ce qui s'est passé dans la journée que tu obtiens un vrai journal de bord.
Tu indiqueras ainsi, jour après jour, des renseignements sur :

Le temps

Tu peux utiliser des symboles particuliers.

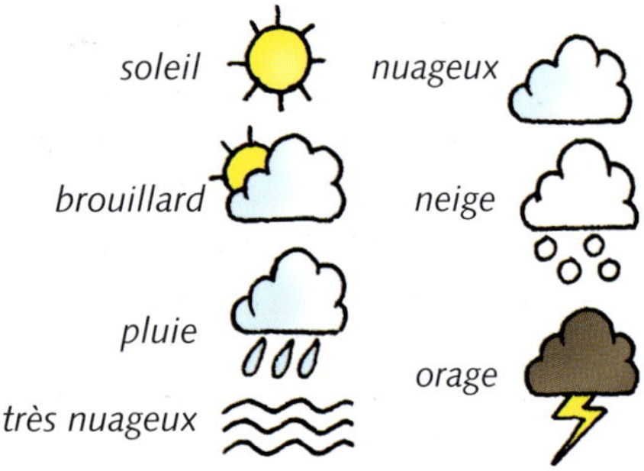

Si tu as un thermomètre, tu peux également noter les températures minimales et maximales.

La route

Indique le jour et les heures d'arrivée et de départ. Indique par quels villages tu es passé.
À la maison, tu pourras réaliser une copie de la carte et retracer ta route avec un marqueur.

Le rapport quotidien

Prends l'habitude de noter tous les évènements de la journée.
Il ne faut pas écrire une rédaction, il suffit de quelques phrases courtes. Elles feront resurgir plus tard d'autres souvenirs de ta balade quand tu les liras.

** 9 h : pneu crevé.*

** 10 h 15 : visite du château de Chambord. Impressionnant !*

** 12 h : pique-nique. Vu beaucoup d'écureuils.*

** Après-midi : jeu dans le bois. Éric a perdu. Julie dit qu'elle a vu un loup (impossible, il n'y a plus de loups !).*

** 19 h : Cédric a préparé des spaghettis. Ouhhh ! Brûlants !*

** il est 20 h. Bientôt : feu de camp.*
Rapport demain.

Du log au journal de bord

Un log est un instrument servant à calculer la vitesse d'un bateau. La vitesse et d'autres renseignements sont retranscrits dans un livre spécial se trouvant toujours à bord du bateau, le journal de bord.

Des dessins et des photos

Tu ne possèdes pas d'appareil photo et tu ne sais pas dessiner ? Passe dans un centre d'information pour touristes. Tu recevras des brochures avec les photos des curiosités de la région. Découpe les images et colle-les dans ton journal de bord.

Un peu de tout

Tous les souvenirs de vacances qui ne sont pas « épais » trouveront place dans ton journal de bord. Pense aux billets d'entrée, aux tickets de train, aux fleurs et aux feuilles séchées, à la mèche de cheveux de l'ami que tu t'es fait en cours de route.

La « boîte de bord »

Il t'est impossible de coller certains souvenirs dans ton journal ? Conserve-les dans une boîte que tu décores à l'extérieur.

Une cassette-journal de bord

Si tu possèdes un radiocassette avec un micro, tu peux enregistrer ton rapport au lieu de l'écrire. Ne te contente pas de parler dans le micro, enregistre aussi les bruits environnants : le chant des oiseaux, une vache qui meugle, le bruit d'une cascade, les chants autour du feu de camp…

Souvenirs

Tu as certainement ramené pas mal de choses de tes promenades. Où vas-tu les mettre ?

Un filet à souvenirs

Pends dans ta chambre, à un mur, un filet de pêcheur. Avec des petits crochets tu pourras y accrocher une foule de souvenirs.

Un fil à souvenirs

Tends un ou plusieurs fils le long du mur. Suspends tes plus beaux souvenirs de vacances.

Couvercle à souvenirs

Conserve une série de couvercles à visser de tailles différentes et colle-les sur du carton solide. Colle un objet dans chaque couvercle : une photo, un dessin, une fleur séchée, un ticket de funiculaire, une pièce de monnaie étrangère, l'adresse de quelqu'un que tu as rencontré en chemin…

Le cintre-souvenir

Ce qu'il te faut :
- 1 cintre ;
- 1 feuille de plastique ;
- 1 morceau de ficelle ;
- des punaises ;
- 1 fer à souder ;
- 1 perforatrice.

1. Découpe des bandelettes de plastique de différentes largeurs et longueurs.
2. Plie une bandelette en deux et soude les côtés latéraux pour obtenir un sac.

3. Place tes souvenirs dans le sac et soude les 2 côtés.

4. Fais 1 trou dans la partie supérieure du sac et fixes-y une ficelle.

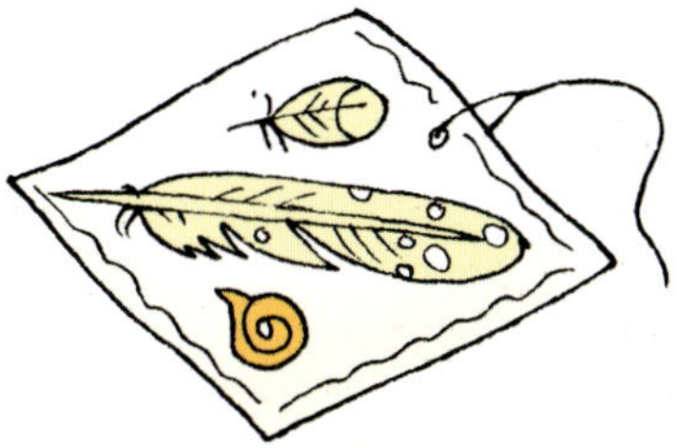

5. À l'aide de punaises, pends les sachets à des hauteurs différentes sur le cintre.

Truc : *Si tu as l'intention de réaliser un cintre-souvenir pour chacune de tes promenades, inscris au marqueur de couleur la date de la promenade et le but.*

Prêt pour l'année prochaine ?

Tu as déjà fait de longues balades à pied ou à vélo. Tu as campé. Tu as fait des promenades de reconnaissance. Mais voilà, les vacances sont finies…

Tout est rangé

Il ne faut ranger que les choses qui ne te servent que pendant les vacances. Mais pour pouvoir les réutiliser l'année prochaine, il faut les nettoyer et, si nécessaire, les réparer.

Les chaussures

Élimine la saleté en les brossant ou en les grattant. Glisse une feuille de papier journal dans tes chaussures. Place du carton dans les bottes pour qu'elles gardent leur forme.

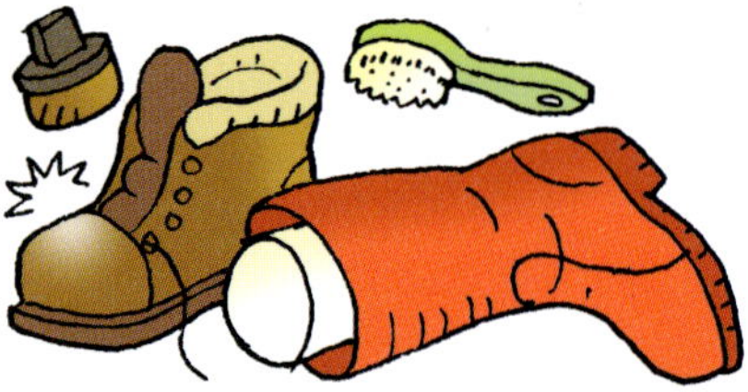

Les vêtements

Une fois qu'ils sont lavés et séchés, plie-les soigneusement avant de les ranger.

Les piles

Tout ce qui fonctionne avec des piles, comme une torche, doit être rangé sans piles. Car une pile peut toujours couler.

Le nécessaire de cuisine

Vérifie s'il n'y a plus de combustible dedans et nettoie-le complètement. Conserve-le dans une boîte en carton.

Matelas pneumatique et bateau gonflable

Laisse-les bien sécher. Ouvre-les et saupoudre-les de talc. Enroule-les ensuite dans un sac en plastique, que tu fermes soigneusement.

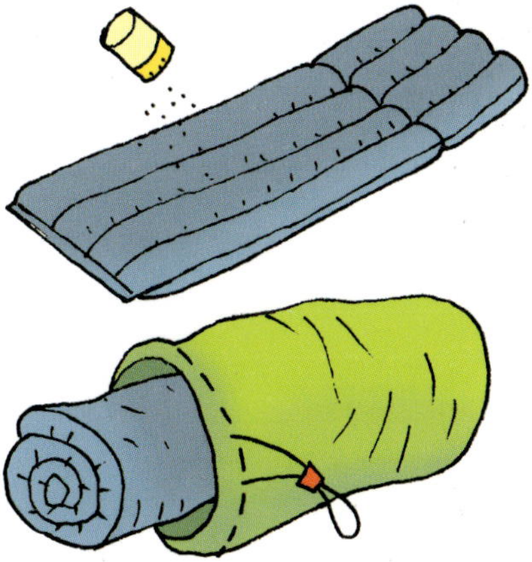

La tente

Tu ne peux replier une tente que lorsqu'elle est complètement sèche. Nettoie soigneusement toutes les parties et enduis-les d'huile. Range la tente dans un endroit sec.

Index

A

Abeille 97
Âge d'un arbre 43
Alarme 60
Amadou 57
Animaux, observation des 32-33

B

Baies 24, 27, 28
Balades à pied 19
Balançoires 112-113
Bandage 95
Baromètre 76
Bateau en caoutchouc 111
Beaufort, échelle de 77
Boisson 28-29
Bottes 12
Boussole 88-90
Boussole à eau 89
Brûlure 21, 94

C

Cabane d'observation 32
Cadran solaire 114
Carte topographique 8-11
Cartes 8, 10-11
Ceinture d'explorateur 106
Chaleur 80, 82
Champignons 24-25
Cloques 94
Code d'épellation 84
Compas géant 64
Constellation 91
Coquillages 39-40
Coupure 94
Couverts 21
Croix du Sud 91
Cuisiner 22-23
Cuisson sur pierre 23

D

Déchets 18, 53, 54
Dextrose 21
Drap-sac de couchage 108
Drapeaux 61, 84

E

Écharde 95
Échelle d'une carte 10
Échelle de Beaufort 77
Éclairs 92-93
Écran d'observation 33
Empreintes de pattes 34
Empreintes en plâtre 35

Épingle de sûreté 100
Équipement 14-15
Étoile Polaire 91
Éventail 81

F
Fatigue 19
Feu 8, 22-23, 56-57
Feu de bois 22-23
Feu de camp 56-57
Flûte 117
Force du vent 77
Franklin, Benjamin 92
Froid 82-83
Fruits d'automne 27
Fruits des bois 27
Fumée 57

G
Gril, bâtons pour 22
Guêpe 97
Guide de la plage 39

H
Hampe 61
Humidité 77

I
Imperméable 13, 116
Indiens 19, 66, 105
Insectes 36, 97

J
Jeu de nuit 67
Journal de bord 120-121
Jumelles 47
Jumelles pour l'eau 46

L
Loupe 46
Lunettes pour la neige 117

M
Matelas pneumatique 125
Méduse 40
Mesure du temps 114-115
Mesurer les distances 11
Météo 76-79
Montre 90
Morse 84
Morsure de serpent 96
Moustique 97

N
Nager 18, 98, 111
Nature, photographie de la 48-49
Nécessaire de cuisine 21, 125
Nœuds 58-59
Noix 24, 27
Nourriture 20-21, 83
Noyade 98

O

Orage 92-93
Orientation 88-91
Ortie 97

P

Panier à balles 68
Pelle à eau 116
Perdre, se 98
Photographie 48-49
Pièges 36
Pièges à insectes 54
Pique-nique 20
Plantes vénéneuses 25
Pneu crevé 101
Pomme de pin 76
Pommes de terre 23
Poncho du randonneur 107
Pont 87
Premiers secours 94-95
Presse à fleurs 43
Promenade nocturne 44-45

R

Radeau en caoutchouc 110
Réparations 100-101
Repas chaud 21
Rivière 86-87

S

Sablier 70
Sac à dos 15, 17, 104
Sac de couchage 108
Sac-siège 109
Saignement de nez 94
Seau en plastique 116
Signal de détresse 99
Signaux 84-85
SOS 99
Souvenirs 122-123
Systèmes d'alarme 60

T

Tente 52-55, 83, 97, 105, 125
Thermomètre 76
Tonnerre 92-93
Traces 34-35
Traces de rongeurs 35
Trousse de premiers secours 95

V

Vélo 16-17
Vent 77
Vêtements 12-13, 44, 124
Vipère 96